大数据时代
企业商业模式创新研究

尚杨娇 著

中国纺织出版社有限公司

内 容 提 要

本书全面梳理了大数据时代背景下商业模式的定义和演变，剖析大数据对商业模式创新的影响因素以及大数据时代企业商业模式创新的挑战与机遇。不仅着眼于理论分析，更通过实际案例对企业商业模式创新进行深入研究，为企业提供创新的具体路径和管理的可操作性建议。为企业决策者、行业研究者以及从业者提供有益的理论和实践参考。

图书在版编目(CIP)数据

大数据时代企业商业模式创新研究 / 尚杨娇著. -- 北京：中国纺织出版社有限公司，2024.6
ISBN 978-7-5229-1803-7

Ⅰ. ①大… Ⅱ. ①尚… Ⅲ. ①企业管理—商业模式—研究 Ⅳ. ①F272

中国国家版本馆 CIP 数据核字（2024）第 110541 号

责任编辑：段子君　哈新迪　　责任校对：王蕙莹
责任印制：储志伟

中国纺织出版社有限公司出版发行
地址：北京市朝阳区百子湾东里 A407 号楼　邮政编码：100124
销售电话：010—67004422　传真：010—87155801
http://www.c-textilep.com
中国纺织出版社天猫旗舰店
官方微博 http://weibo.com/2119887771
天津千鹤文化传播有限公司印刷　各地新华书店经销
2024 年 6 月第 1 版第 1 次印刷
开本：710×1000　1/16　印张：9.75
字数：202 千字　定价：99.90 元

凡购本书，如有缺页、倒页、脱页，由本社图书营销中心调换

前 言

在信息时代浪潮中,大数据技术的发展对企业经营和商业模式产生了深远影响。随着信息技术的迅猛发展,企业不仅是经济体,更是数据的生产者和消费者。本书旨在探讨大数据时代下企业商业模式的演变、创新驱动因素、挑战与机遇,为企业决策者、行业研究人员以及从业者提供理论和实践指导。

本书首先通过介绍大数据时代的背景,揭示大数据技术在商业模式创新中的重要作用。通过对商业模式的定义、演变和大数据对其影响的梳理,本书为读者构建了一个理解大数据时代企业商业模式创新的框架,为后续研究奠定基础。

在大数据时代,商业模式创新不仅是技术的推动,更受市场以及竞争等多方面因素的影响。本书详细分析了技术、市场和竞争三大驱动因素,为企业制定创新战略提供了多维度的思考框架。然而,商业模式创新过程中不可避免地面临着种种挑战。数据隐私与安全、数据质量与整合、人才与文化等方面的挑战,本书均有阐述,同时深刻剖析了大数据时代为企业商业模式创新带来的机遇,帮助企业在变革中找到平衡点。

本书还分析了大数据时代商业模式创新的评估指标与方法及管理策略。

本书展望了大数据时代商业模式创新的未来发展,探讨了技术发展趋势以及对企业的建议与展望。最后,通过5个典型案例,为企业商业模式创新提供指导。本书不仅能够为学术研究提供新的思路,也能够为企业在日益激烈的市场竞争中找到适应时代变革的商业模式。

在全球数字化背景下,本书成为企业管理与学术研究领域的参考,引领企业走向更加创新、智能的商业模式时代。

著者
2023 年 11 月

目 录

第一章　导论 ... 1
第一节　研究背景和动机 ... 1
第二节　研究目的和目标 ... 4
第三节　大数据时代商业模式创新的意义和影响 ... 5
第四节　研究范围和研究方法 ... 7

第二章　大数据时代商业模式概述 ... 11
第一节　商业模式的定义和演变 ... 11
第二节　大数据对商业模式的影响 ... 15
第三节　大数据时代商业模式的特征 ... 23
第四节　大数据时代商业模式创新的维度 ... 25

第三章　大数据时代商业模式创新的驱动因素 ... 35
第一节　技术驱动 ... 35
第二节　市场驱动 ... 42
第三节　竞争驱动 ... 46

第四章　大数据时代商业模式创新的挑战与机遇 ... 51
第一节　数据隐私与安全挑战 ... 51
第二节　数据质量与整合挑战 ... 55

第三节　人才与文化挑战 …………………………………………… 60
　　第四节　大数据时代商业模式创新带来的新机遇 …………………… 64

第五章　大数据时代商业模式创新的评估指标与方法 ……………… 73
　　第一节　商业模式创新的评价体系建立 ……………………………… 73
　　第二节　企业内部创新能力的评估 …………………………………… 78
　　第三节　外部环境对商业模式创新的评估 …………………………… 82

第六章　大数据时代企业商业模式创新的管理策略 …………………… 87
　　第一节　创新文化与组织架构优化 …………………………………… 87
　　第二节　创新资源配置与管理 ………………………………………… 92
　　第三节　商业模式创新风险管理与控制 ……………………………… 94
　　第四节　商业模式创新落地与持续优化策略 ………………………… 99

第七章　大数据时代商业模式创新的未来展望 ………………………… 103
　　第一节　大数据技术发展的趋势与商业模式创新 …………………… 103
　　第二节　未来大数据时代企业商业模式创新的建议与展望 ………… 113

第八章　典型企业商业模式创新案例 …………………………………… 117
　　第一节　大数据时代，企业渠道创新：直播带货 …………………… 117
　　第二节　大数据时代，电商平台创新 ………………………………… 123
　　第三节　大数据时代，传统线下书店商业模式创新 ………………… 129
　　第四节　大数据时代，人工智能技术发展：AIGC新产品 …………… 138
　　第五节　大数据时代，相关领域新产品创新 ………………………… 141

参考文献 …………………………………………………………………… 148

第一章

导 论

第一节 研究背景和动机

一、大数据时代背景

（一）信息时代的特征

在信息技术不断发展的浪潮中，我们正迈入大数据时代。信息时代的演进可以追溯到20世纪末，随着计算机技术的飞速发展，信息的生产、传播、存储方式发生了翻天覆地的变化。如今，我们置身于大数据时代，这是信息时代的新高峰。

大数据时代的本质是信息量的爆炸性增长。随着互联网和移动设备的普及，用户产生的数据呈现爆发式增长。社交媒体、在线购物、移动应用等各方面都在不断产生海量数据。这种信息量的爆炸性增长，使得我们面临前所未有的数据管理和分析挑战。

同时，计算能力的飞速提升也是大数据时代的显著特征之一。由于硬件和软件技术的协同发展，我们能够以前所未有的速度处理和分析庞大的数据集。高性能计算、云计算等技术的应用，为大数据的处理和分析提供了强有力支持。

此外，数据存储成本的降低也是大数据时代的一项重要变化。随着存储技术的不断创新，数据存储的成本逐渐降低，企业能够更经济高效地存储大规模数据。这使得企业能够更加灵活地利用数据来支持业务决策和创新。

（二）技术革新的推动

大数据时代的背后是各种前沿技术的涌现，如人工智能、云计算、物联网等，这些技术的蓬勃发展为商业模式的创新提供了强有力支撑。

1. 人工智能的崛起

在大数据时代，人工智能技术的不断发展成为推动商业模式创新的重要力量。

机器学习、深度学习等技术使得计算机能够更好地理解和利用大规模数据，为企业提供智能化的决策支持和个性化服务。

2. 云计算的普及

云计算技术的广泛应用改变了企业的信息技术架构。通过云计算，企业可以灵活地扩展计算和存储资源，更加高效地应对不断增长的数据需求，同时降低了IT基础设施的成本。

3. 物联网的发展

物联网技术连接了各种设备和传感器，使得物理世界与数字世界更加紧密地结合在一起。企业可以通过物联网收集更加丰富和实时的数据，为商业模式创新提供更多可能性。

上述技术的推动使得企业能够更加灵活地利用大数据，从而重新塑造商业模式，提升竞争力。

二、研究背景和重要性

（一）商业环境的变革

随着大数据技术的广泛应用，企业所处的商业环境发生了翻天覆地的变化。传统的商业模式逐渐显露出无法适应新时代需求的弊端。消费者行为的变化、市场竞争的加剧等因素使得企业不得不重新审视和调整自己的商业模式。

1. 消费者行为的变革

在大数据时代，消费者拥有更多选择和信息。他们更加注重个性化的需求满足，对产品和服务的期望更高。传统的"一刀切"商业模式很难满足这种多样化和个性化的需求，因此，企业需要通过创新来适应这种变革。

2. 市场竞争的加剧

大数据技术的普及使得企业可以更好地了解市场和竞争对手，从而更有针对性地制定市场策略。在激烈的市场竞争中，企业需要通过创新商业模式来寻找新的竞争优势。探究数字化转型背景下企业商业模式创新的影响要素及实现路径是极具创新性和挑战性的前沿科学议题，具有巨大的研究空间和研究价值。在数字化情境下，众多学者在不同的领域进行了研究。杨金朋等学者分析了数字化情境下制药企业的资源赋能商业、渠道赋能商业和混合赋能商业三种商业模式，并提出数字技术驱动商业模式创新的内在机理是强化各主体资源能力以及增强主体间交互水平。张振刚等学者探讨了企业数字化转型对商业模式创新的影响机制与情境效应，并表明数字化转型对商业模式创新存在显著正向影响，知识管理在数字化转型对商业模式创新的影响过程中发挥中介作用。马晓辉等学者论证了在数字化环境影响下数字化转型企业的商业模式创新演化过程，研究结果显示，数字化转型企业经历探索期、发展期与扩展期三个阶段，各阶段价值创造逻辑分别呈现价值主张更新、价值网络重构和价值生态共建演变过程。邢小强等基于扎根理论，发现数字技术的包容性促进了低收入群体商业模式的创新；李飞等通过对工业品服务企业商业模式创新的研究，定义了数字技术驱动商业模式创新的四要素，为工业品服务企业数字化转型提供了一个可供参考的模型；罗珉和李亮宇从价值创造的视角研究了互联网时代的商业模式创新，认为商业模式从供给导向逐步转向需求导向，而互联网是挖掘客户深层次需求的重要工具。杨东等学者对不同研究视角下的数字化研究进行比较和归纳，总结了制造企业在数字化背景下商业模式创新的价值空间框架。

（二）新机遇与风险

大数据时代为企业带来了前所未有的机遇，但也伴随着巨大的数据隐私和安全风险。深入研究大数据时代商业模式创新，有助于企业更好地把握机遇，有效化解风险。

1. 新的市场机遇

大数据的分析能力使得企业能够更好地了解市场需求和趋势，发现新的商业机会。通过创新商业模式，企业能够更灵活地进入新兴市场，实现市场份额的增长。

2. 数据隐私与安全挑战

随着企业数据的不断增加，数据隐私和安全成了一个突出问题。被恶意攻击、数据泄露风险会对企业造成严重损害。因此，如何在商业模式创新的同时保障数据的安全和隐私，成为当前亟须研究并解决的问题。

3. 巨量数据的管理挑战

大数据时代带来了海量的数据，如何高效地管理、存储和分析这些数据，成为企业面临的挑战。有效的商业模式需要建立在对数据的科学管理之上，以确保数据的质量和可用性。

第二节 研究目的和目标

一、研究目的

通过对大数据时代下成功商业模式的研究，企业可以深入分析其创新特点和成功因素。例如，互联网平台经济模式的成功案例，企业通过利用大数据技术和互联网平台模式，实现了商业模式的革新和发展。通过对这些成功案例的分析，总结出企业成功的路径和经验，为其他企业在商业模式创新方面提供参考。

根据对商业模式创新的深入研究和成功案例的分析，本书提出切实可行的商业模式创新方案。比如，在组织结构调整方面，企业可以建立跨部门和跨职能的协作机制，打破传统的行业壁垒，促进信息共享和合作创新；在技术应用方面，企业可以借助大数据技术、人工智能和物联网等新兴技术，实现数据驱动的商业模式创新。例如，通过数据分析和预测算法，企业提供个性化的产品和服务，提高用户体验和满意度；在市场定位方面，企业可以通过精细化运营和差异化竞争策略，找到自身在市场中的准确定位和竞争优势。

通过提出切实可行的商业模式创新方案，企业可以在大数据时代实现商业模式的创新与升级，提高竞争力和可持续发展能力。

二、研究目标

（一）深入挖掘商业模式演变

1. 揭示传统商业模式的弊端

本书通过对传统商业模式的深入分析，找出其在大数据时代面临的问题和不足，特别关注传统模式在大数据时代面临的难以适应的问题，如信息不对称、高成本、低效率等，为商业模式创新提供切入点。

2. 追踪商业模式演进历程

跟踪企业在大数据时代的商业模式演变历程，了解其变革的动因、过程和成果。本书通过对不同行业、不同类型企业的研究，找出成功和失败案例，并总结成功和失败原因，为企业在商业模式创新中提供借鉴和经验。

（二）探索创新的实际路径

1. 分析成功商业模式案例

通过案例研究，本书深入分析在大数据时代取得成功的企业的商业模式，总结其创新的关键路径和成功经验。关注企业如何通过创新组织架构、运营模式、价值创造和交付方式等方面，充分利用大数据技术优势，实现商业模式创新和升级。

2. 提出具体实施方案

根据研究结果，提出切实可行的商业模式创新方案，包括组织结构调整、技术应用、市场定位等建议。根据不同行业和企业的特点，有针对性地提供切实可行的实施方案，帮助企业在实践中实现商业模式创新。

第三节 大数据时代商业模式创新的意义和影响

一、商业模式创新的意义

商业模式是企业为了实现盈利而构建的一个框架，它不仅是盈利逻辑的表述，更是对价值创造、交换和分配方式的全面规划。在大数据时代，商业模式不再局限于传统的产品销售和服务提供，更强调通过数据的收集、分析、应用来优化运营、创造价值。本书从以下三个维度来理解商业模式。

（一）价值创造维度

商业模式的核心在于如何创造价值，这涉及产品或服务的创新、差异化，以及如何满足客户需求。大数据时代，企业可以通过深度挖掘数据，精准洞察市场，提升产品和服务的个性化。

（二）交换维度

商业模式中的交换不仅是货币的交换，更包括信息、关系、体验等多维度的交换。大数据技术的广泛运用使得企业能够更精准地了解客户需求，实现个性化的交换关系。

（三）分配维度

分配不仅是利润的分配，还包括资源的分配，如人力、技术、数据等。大数据时代，合理的资源配置是构建创新商业模式的基础，通过数据驱动的方式实现资源优化配置。

二、大数据时代对商业模式创新的影响

（一）技术驱动的商业逻辑重塑

1. 数据驱动决策

大数据技术使得企业能够从海量数据中提取有用信息，辅助决策者进行更科学的决策。商业模式创新不再仅仅依赖于经验和直觉，而更注重基于数据的决策。

2. 个性化服务和精准营销

大数据时代，企业可以根据客户的个体差异提供更加个性化的服务。通过对客户行为、喜好的深入分析，企业可以精准预测客户需求，定制个性化的产品和服务，从而创新商业模式。

大数据分析客户行为和喜好，企业能够制定更精准的营销策略。通过智能化的广告投放和定向营销，企业能够更有效地吸引目标客户，推动销售增长。

（二）商业生态的重构

1. 开放式创新

大数据时代推动了商业模式的开放性，企业更加愿意与合作伙伴共享数据、资源，实现开放式创新。这种合作方式有助于打破传统行业壁垒，促进上下游企业的共同发展。

2. 新兴产业崛起

大数据的充分应用催生了一系列新兴产业，如数据分析、人工智能、云计算等。这为企业提供了更多参与和发展的机会，也带来了商业模式多元化。

（三）对产业生态和市场格局的影响

1. 创造新的市场格局

商业模式创新不仅可以使企业在自身领域内获得竞争优势，还能打破传统产业边界，创造全新的市场格局。通过跨界合作、整合资源，企业能够在大数据时代开拓新的增长空间。

2. 推动行业变革

成功的商业模式创新往往能够引领整个行业的变革。企业通过引入大数据技术，重新定义行业规则，推动产业链升级，促使整个行业朝着更加智能、高效的方向发展。

第四节 研究范围和研究方法

一、研究范围界定

（一）覆盖不同行业

首先，本书将深入剖析制造业领域，探讨大数据时代的商业模式创新。在制造业中，大数据技术的应用已经成为提高生产效率、优化供应链管理的关键因素。通过分析各类传感器和物联网设备所产生的海量数据，制造企业能够实现实时监控和预测性维护，从而最大限度地降低生产成本并提高产品质量。本书还将深入研究制造业中的物联网与工业互联网的融合，以及数字化制造过程中的商业模式创新。

其次，服务业作为经济的重要组成部分，同样受益于大数据技术的发展。本书将聚焦于服务业各个领域，包括金融、医疗、教育等。在金融领域，大数据的应用已经改变了风险管理、信用评估和个性化推荐等方面。在医疗服务领域，通过分析患者的健康数据和临床研究结果，可以实现个性化医疗方案，提高医疗服务效果。而在教育领域，大数据分析有助于学校更好地了解学生的学习习惯，提供个性化的教育方案。

再次，科技行业作为大数据技术的先行者，其商业模式创新更是引领潮流。本书将探讨科技企业如何通过大数据技术改进产品研发、优化营销策略，并在人工智能、机器学习等领域实现商业模式的变革。特别关注科技企业间的合作与竞争，以及其在大数据生态系统中的角色与地位。

最后，本书将总结各个行业的共同特点和独特规律，突出大数据时代商业模式创新的趋势和前景。通过对不同行业的深入剖析，本书旨在为学术界和商业界提供有价值的参考，推动跨行业的经验分享与合作，促进全球商业环境的可持续发展。

（二）不同企业规模考量

首先，本书将深入研究大型企业在大数据时代的商业模式创新。大型企业通常具有丰富的资源和庞大的组织结构，但也面临着冗余复杂的流程和管理层级。

通过对大数据的充分利用，这些企业可以实现业务流程优化，提高决策效率。本书将分析大型企业如何通过数据驱动的决策制定、市场趋势预测以及用户体验优化等实现商业模式的创新。同时，重点关注大型企业间合作的模式，以及它们在数据共享和联合创新方面的成果。

其次，中型企业在商业模式创新方面面临更灵活的机遇和挑战。相较于大型企业，中型企业通常能够更灵活、快速地适应市场变化。本书将探讨中型企业如何通过大数据技术实现精准的市场定位、灵活的供应链管理以及创新型的产品和服务设计。本书还将关注中型企业在数字化转型过程中的组织架构调整和人才培养方面的经验，以揭示其商业模式创新的重要成功因素。

再次，小型企业在商业模式创新方面依赖创新型的思维和灵活的策略。小型企业通常资源相对有限，但它们更具创新精神。本书将聚焦于小型企业如何通过大数据分析提高决策效率、减少运营成本，并在市场上找到新的增长点。本书将关注小型企业如何借助合作和开放创新，与其他企业、初创公司以及研究机构共享数据和资源，实现商业模式的创新。

最后，通过对大、中、小型企业的深入考察，本书将总结不同规模企业在商业模式创新方面的共性和差异。本书将探讨企业规模对创新能力和创新路径的影响，为企业提供切实可行的商业模式创新建议。通过深入研究不同规模企业的实践经验，本书旨在为学术界和实践者提供深刻见解，推动不同规模企业之间的经验分享与合作，为构建更具创新力和竞争力的产业生态系统提供理论和实践指导。

二、研究方法

（一）案例研究法

1.案例选择

案例选择主要选择来自不同行业、不同规模企业的典型案例，涵盖成功和失败的商业模式创新经验。确保案例的多样性，以全面了解大数据时代商业模式创新的实际情况。

2.过程分析

过程分析是通过深入分析企业的商业模式创新过程，包括决策背景、关键决策点、实施过程中的挑战与应对策略。通过对过程的细致还原，挖掘出商业模式创新的关键成功因素和教训。

3.成功与失败经验总结

成功与失败经验总结是对成功和失败的案例进行经验总结，从中提炼出通用的商业模式创新规律。深入挖掘成功案例中的创新实践，以及失败案例中的问题和教训，为理论研究提供实证支持。

（二）问卷调查法

1.调查设计

调查设计是设计结构化的调查问卷，覆盖企业的行业、规模、商业模式创新经验等方面。确保调查问题的科学性和全面性，以获取客观、可比较的数据。

2.数据分析与结论

对调查和访谈获得的数据进行系统分析，发现其中的模式和趋势。结合理论框架，得出对大数据时代商业模式创新影响因素和成功路径的深入理解。

（三）访谈法

访谈法主要通过深度访谈，与企业高层管理者、商业模式创新团队成员进行沟通。了解他们在大数据时代商业模式创新中的思考、经验和挑战，获取实际操作层面的见解。

第二章

大数据时代商业模式概述

第一节 商业模式的定义和演变

一、商业模式发展历程

（一）概念形成与初步探索（20世纪50—90年代）

商业模式的起源可追溯至20世纪50年代左右，Bellman和Clark首次在论文正文中进行阐述。然而，在当时，这一概念并未引起学术界的广泛关注。直到20世纪末，随着互联网的崛起，商业模式才开始逐渐成为研究的焦点。中国学者曹厚昌将商业模式引入研究，他在批发市场的经济研究中运用商业模式概念，对其与中国经济的结合进行初步探索。这一时期的研究主要围绕批发商业模式、供销社商业模式以及所有制改革下的商业模式展开。1986年，学者开始总结商业模式的不同内涵与类型。银行商业模式成为学术界研究的热点，涌现出一系列关于中国商业银行管理模式的研究。随着互联网的兴起，研究焦点逐渐转向网络背景下的商业模式。王哲、曹彩虹（1995）率先将商业模式概念引入互联网环境，提出商业零售网络模式，为商业模式的数字化奠定了基础。

（二）商业模式概念的系统化研究（1996—2005年）

1996—2005年，学者们对商业模式进行了归纳总结，这一时期银行商业模式仍是学界关注的焦点。进入21世纪，商业模式的研究关键词包括电子商务、B2B模式、网络经济、企业股份制等新型商业模式。研究者开始深入探讨商业模式在不同行业的应用。2004—2005年，国内学者提出商业模式应当基于企业来定义，着重于企业从事市场活动的具体方法和途径。王常雄（2004）以沃尔玛为例，从目标消费者的角度首次提出了商业模式的创新。

(三)商业模式的设计与创新研究至今(2005年至今)

商业模式的设计与创新研究在近年来逐渐形成了完整的理论体系。学者们通过对各行业商业模式的深入研究,逐步在多个领域发展出具有行业专业背景的内涵。

目前,中国学者关于商业模式的研究文献逾五万篇,主要集中在商业模式、商业模式创新、盈利模式、产业链等方面。研究领域主要包括企业经济、贸易经济、工业经济、信息经济等。商业模式的设计与创新研究已经成为当前学术界的重要方向之一。

二、商业模式创新的要素

商业模式是指企业在创造、交付价值的过程中,将各种资源、能力与活动整合在一起,形成一个可持续盈利的运营系统,通过优化组织结构、资源配置和市场定位等方式,满足顾客需求,创造顾客价值,并实现企业的盈利目标。

商业模式包括三个核心要素:价值创造、市场定位和盈利模式。

(一)价值创造

价值创造是商业模式中的核心要素之一。它涵盖了利用产品或服务解决顾客痛点、满足顾客需求,并通过不断创新以保持竞争优势等方面。在商业模式中,价值创造不仅提供一种产品或服务,更是关于构建顾客体验、解决实际问题,从而赢得顾客的信任和忠诚。

商业模式创新需要不断创新产品或服务,以满足市场需求的变化。通过引入新技术、改进设计或提供独特功能,企业可以持续地创造顾客价值。良好的顾客体验是价值创造的重要组成部分。商业模式需要关注用户界面设计、售后服务、沟通渠道等方面,以确保顾客在整个购买和使用过程中都能产生高质量的体验。此外,理解顾客的需求和痛点是价值创造的基础。商业模式提供针对性方案来解决顾客面临的问题,从而提高产品或服务的实际价值。

随着科技的不断进步,企业需要不断关注新技术的应用,以保持企业在市场上的竞争力。技术创新可以带来新的产品特性,提高生产效率,并提供新的商业机会和新的商业模式。除了产品或服务创新外,商业模式还需要关注商业流程的创新。通过重新设计运营流程,企业可以更高效地提供产品或服务,从而提升顾客满意度。

企业商业模式创新需要配合企业资源配置进行。资源配置涉及人力、物力、财力等各方面资源。合理的资源配置能够最大限度地满足市场需求，提高企业的竞争力。在资源配置方面，需要考虑以下因素。

1. 人力资源

商业模式的成功依赖于有素质的团队。招聘、培训和激励机制是有效配置人力资源的重要因素。特别是在创新型企业中，人才的创造力和团队协作至关重要。

2. 物力资源

物力资源包括生产设备、办公场地等。在商业模式的设计中，需要根据企业的规模和业务需求进行合理配置。现代企业普遍注重绿色和可持续发展，物力资源配置也需要符合环保标准。

3. 财力资源

商业模式的实施需要财务支持。初创企业需要寻求风险投资；而成熟企业需要更加关注资本结构和财务管理。

4. 技术资源

随着科技的不断发展，技术资源越发成为商业模式中的重要因素。企业需要关注技术创新，确保在市场竞争中具备先发优势。

（二）市场定位

市场定位是商业模式中明确的另一个核心要素。它涉及确定目标市场和产品或服务在市场中的定位，以及建立与目标市场和目标客户群之间的紧密联系。

选择适当的市场定位策略对于商业模式的成功至关重要。是专注于特定细分市场，还是提供广泛的产品或服务，企业需要根据自身实力和市场需求做出明智的选择。市场定位策略确定后，企业需要建立与目标客户的紧密联系，通过个性化的营销策略，使产品或服务更能满足目标客户的需求，并提高企业的市场竞争力。

同时，企业需要建立有效的反馈机制，及时获取目标市场和客户的反馈信息。通过不断优化产品或服务，企业可以更好地适应市场需求，提高顾客满意度，加强与市场的互动。

（三）盈利模式

盈利模式是商业模式的第三个核心要素，它关注的是商业模式如何在提供价值的同时实现盈利。通过明确的盈利模式，企业可以确保商业运营的持续性，为未来的发展奠定基础。

1. 收入来源

商业模式需要清晰定义企业的收入来源，包括产品销售、服务费用、订阅费用等。明确的收入来源有助于企业合理定价，确保盈利水平。

2. 成本控制

盈利模式涉及成本的控制。商业模式需要审慎管理生产、运营和推广等方面的成本，确保盈利能够覆盖所有的经营开支。

3. 附加价值服务

一些成功的商业模式通过提供附加价值服务实现了额外盈利。这包括售后服务、定制选项、增值功能等，为客户提供更多选择，并增加额外收入。

一种成功的盈利模式可以增强企业的竞争力。通过提供更有竞争力的价格、更高质量的产品或独特的服务，企业可以在市场上脱颖而出。盈利模式需要与时俱进，随着市场和技术的变化而不断创新。

三、商业模式创新的概念

商业模式创新强调通过创建新的商业逻辑和价值链来实现差异化竞争。这体现在以下几个方面。

（一）商业逻辑的创新

商业模式的创新意图体现在对传统商业逻辑的挑战。企业需要审视现有的商业模式，寻找破局点，以打破行业陈规，实现创新。例如，传统零售业通过订阅制度引入连续服务，取代一次性销售。商业模式创新的重要因素之一是对盈利模式的重新构思。企业需要思考如何通过变革盈利模式来提高经济效益。典型的例子包括从产品销售转向服务订阅，实现稳定的、可预测的收入流。

随着数字化时代的到来，商业逻辑的创新涉及更多数字化转型内容。通过整合人工智能、大数据分析等技术，企业能够实现更高效的业务流程，提升用户体验，从而打造全新的商业模式。

（二）价值链的重新构建

商业模式创新要求企业对内外部资源进行整合，重新构建价值链。这包括与供应商、合作伙伴的更紧密合作，以及对企业内部流程的优化。通过整合，企业能够提高生产效率，降低成本。

(三) 差异化竞争策略

商业模式创新的目标之一是实现差异化竞争。通过独特的商业逻辑，企业能够在市场上脱颖而出，吸引更多目标客户。这包括新的销售渠道、定价策略和服务创新。差异化竞争需要注重个性化用户体验。通过了解客户需求，提供个性化的产品和服务，能够建立更深层次的客户关系，提高客户满意度，从而形成竞争优势。差异化竞争往往与品牌建设密切相关。通过独特的商业模式，企业能够树立独特的品牌形象，增加品牌价值，为客户提供独特的消费体验。

第二节 大数据对商业模式的影响

一、大数据的定义与特征

（一）大数据的基本概念

1. 规模巨大

首先，大数据的庞大规模在数据体积上呈现出海量的特征。传统的数据处理工具和方法，如关系型数据库和传统数据仓库，往往难以应对如此庞大的数据量。这就要求企业采用新一代的大数据处理技术，如分布式存储和计算系统，以更高效地存储和处理海量数据。此外，云计算和容器化技术的应用也成为处理庞大数据规模的重要手段，使得企业能够弹性地扩展计算和存储资源，以适应动态变化的数据需求。

其次，大数据的规模体现在数据的多样性上。现代企业生成的数据不仅包括结构化数据，还包括半结构化数据和非结构化数据，如文本、图像、音频和视频等。这种多样性的数据类型要求企业采用更加灵活的数据处理工具和方法，如 NoSQL 数据库和图数据库。同时，机器学习和深度学习等人工智能技术也被广泛应用于处理多样性数据，使得企业能够从这些非结构化数据中挖掘出更深层次的信息。

再次，大数据的规模表现在数据的高速生成和传输上。随着物联网、移动互联网和社交媒体的发展，数据的生成速度呈指数级增长。企业需要应对实时性要求更高的场景，如实时分析、实时监控等。流式处理技术成为处理高速数据的重要工具，允许企业实时地对数据进行处理和分析。此外，边缘计算的兴起也为在数据生成源头实现实时处理提供了可能性。

最后，大数据的规模带来了对数据存储、管理和安全的挑战。数据湖、数据仓库和数据管理平台等新型架构和工具的引入，有助于企业更好地组织和管理大规模的数据。数据安全和隐私保护也成为企业在大数据时代面临的重要问题，要求企业采用先进的加密、身份验证和访问控制技术，确保庞大规模的数据得到妥善保护。

2.多样化的数据类型

首先，结构化数据是大数据中的一种重要组成元素。这类数据以表格形式存在，采用行和列的结构，适合用传统的数据库管理系统进行存储和处理。结构化数据的典型例子包括关系型数据库中的表，其中数据按照固定的模式和格式进行组织。这种数据的规整性使得企业能够利用 SQL 等标准查询语言进行高效检索和分析，从而提取有关业务运营、客户行为等重要信息。

其次，半结构化数据在大数据中的地位逐渐凸显。与结构化数据相比，半结构化数据在组织和存储上更灵活。XML（可扩展置标语言）等格式就是半结构化数据的典型代表。半结构化数据的灵活性使得它适用于不同源头和格式的数据集成，尤其在大数据生态系统中，其多样性和复杂性的特点为半结构化数据的广泛应用提供了基础。企业在利用半结构化数据时可以更加灵活地适应不同数据源的变化，更好地满足业务需求。

再次，非结构化数据在大数据中的角色越发重要。这类数据包括文本、图像、音频和视频等，其特点是缺乏明确的数据模型或组织结构。非结构化数据往往以自由文本、图片文件或音视频流的形式存在，难以用传统数据库直接存储和分析。然而，随着自然语言处理、图像识别和语音处理等技术的发展，企业能够更好地从非结构化数据中提取有价值的信息。这为企业带来了更全面的数据视角，能够深入挖掘用户评论、社交媒体内容、图像信息等，为决策提供更全面的参考依据。

最后，多样化的数据类型在大数据时代为企业提供了更全面、全方位的信息。企业可以通过综合利用结构化、半结构化和非结构化数据，建立更完整的数据画像。例如，结合结构化数据的客户基本信息和半结构化数据的交易记录，企业可以更好地理解客户行为模式；同时，通过分析非结构化数据中的用户评论和社交媒体信息，企业能够深入了解用户的情感和需求。这种全面性的信息视角有助于企业更准确地制定战略决策、推动创新，并提高竞争力。

3.高速生成

首先,高速生成的大数据带来了对数据处理和存储系统的全新挑战。传统的处理系统往往难以满足实时性要求,因此,企业需要引入流式处理技术来应对高速生成的数据。流式处理系统能够在数据生成的同时进行实时处理,确保企业及时获取并分析最新信息。此外,高速生成的数据也对数据存储提出了更高的预期和可伸缩性要求,推动了分布式存储系统和云存储技术的发展。这一方面要求企业合理选择和配置相应的技术工具,另一方面促使企业转向更加灵活的存储架构,以适应不断增长的实时数据。

其次,高速生成的大数据要求企业加强对实效性的关注。在商业决策、市场营销和风险管理等领域,对实时数据的敏感性越来越强。为了更好地把握市场动态和客户行为,企业需要借助实时数据及时进行调整和优化。这促使企业在数据采集、处理和分析上加强实时性支持,包括引入实时数据库、实时分析工具以及事件驱动架构等。这催生了复杂事件处理(CEP)和实时数据分析的兴起,以更好地应对高速生成数据的需求。

再次,高速生成的大数据推动了机器学习和人工智能技术在实时决策和预测分析中的应用。传统的数据处理方法难以满足对实时性和准确性的双重要求,而机器学习算法能够通过不断学习和优化,提高对实时数据的处理能力。企业可以借助机器学习模型对高速生成的数据进行实时预测和分析,从而更好地理解未来趋势、做出及时决策。这一趋势推动了机器学习和实时数据处理的融合,为企业在竞争激烈的市场中保持敏锐洞察力提供了新的机会。

最后,高速生成的大数据要求企业在数据安全和隐私保护方面更加重视。实时数据的传输和处理涉及敏感信息,因此,企业需要建立健全的数据安全策略和隐私保护机制。这包括加密通信、访问控制、数据脱敏等手段,以确保实时数据在采集、传输和处理的过程中得到充分保护。随着一系列数据泄露事件的发生,数据隐私和安全性已经成为企业面临的严峻挑战,特别是在高速生成的大数据环境下,企业需要更加注重建立健全的数据治理和合规性体系。

(二)大数据的具体数据类型和特征

1.结构化数据

结构化数据是大数据中的一种基本类型,类似传统数据库中的表格结构。这类数据以明确定义的字段和数据类型组成,具有高度组织性和规范性。这种数据通常容易存储、检索和分析，是企业日常运营中经常处理的数据形式。结构化数据具有如下类型和特征。

（1）明确定义的字段

结构化数据的每一列都有明确定义的字段，例如，在销售数据中，包括产品名称、销售日期、价格等字段。

（2）数据类型规范

每个字段都有特定的数据类型，如文本、整数、浮点数等，使数据的存储和处理更高效。

（3）容易进行关系型数据库存储

由于数据之间有清晰的关系，结构化数据适合存储在关系型数据库中，便于通过 SQL 查询进行检索。例如，一个传统的客户订单数据库可以包含订单号、客户姓名、产品名称、数量、价格等字段，每个字段都有特定的数据类型和定义。

2. 半结构化数据

半结构化数据是大数据中的另一类重要数据类型，具有一定的结构，但不同于传统结构化数据的明确表格形式。XML 文件是半结构化数据的典型代表，它允许数据字段有一定的层次结构，但不像结构化数据那样严格。半结构化数据具有如下类型和特征。

（1）部分结构化组织

半结构化数据中的字段可以包含在层次结构中，例如，一个包含商品信息的 XML 文件可以有一个层次结构，包括商品名称、价格等。

（2）灵活的数据组织方式

与结构化数据相比，半结构化数据更具灵活性，适应各种数据模型。

（3）适合非均匀数据

当数据的属性在不同记录之间不一致时，使用半结构化数据更合适。例如，一个包含电影信息的 XML 文件，其中电影可以有不同的属性，如导演、演员，但并非每个电影都有相同的属性。

3. 非结构化数据

非结构化数据是大数据中的一项挑战，也是其中最丰富的部分。这类数据缺乏明确的数据模型和组织形式，包括文本、图像、音频和视频文件等。非结构化数据具有如下类型和特征。

（1）缺乏明确的数据模型

非结构化数据没有明确定义的结构，其组织形式通常更加自由。

（2）丰富多样的内容

非结构化数据包含各种形式的信息，如文章内容、图像中的像素、音频中的波形等。

（3）需要先进技术手段进行处理

由于缺乏结构，处理非结构化数据通常需要使用先进的技术手段，如自然语言处理、计算机视觉等。例如，社交媒体上的用户评论、医学影像数据、音频记录等都属于非结构化数据的范畴。

通过深入了解结构化数据、半结构化数据和非结构化数据的特征和举例，我们可以更好地理解大数据中不同数据类型的复杂性和多样性。这有助于企业更有效地处理和利用大数据资源。

（三）大数据的重要技术手段和应用领域

1. 技术手段

首先，分布式计算技术在大数据处理中扮演着至关重要的角色。随着数据量的急剧增加，传统的单一计算机往往难以胜任庞大数据的处理任务。分布式计算通过将数据划分为多个部分并分配给多台计算机进行并行处理，显著提高了数据处理速度和效率。Hadoop 和 Spark 等分布式计算框架成为大数据处理的中流砥柱，它们将计算任务分发到集群中的多个节点，实现了高度可扩展的大规模数据处理。

其次，云计算技术使企业具有弹性和灵活性。大数据处理通常需要大量的计算和存储资源，而云计算通过提供虚拟化的计算和存储服务，使得企业能够根据实际需求动态调整资源规模，避免了固定投资和资源浪费。云计算服务提供商如 Amazon Web Services（AWS）、Microsoft Azure 和 Google Cloud Platform（GCP）等提供了丰富的大数据服务，包括云上的数据存储、弹性计算、数据分析工具等，极大地降低了企业处理大数据的成本和复杂性。

再次，机器学习技术成为大数据分析的重要工具。通过机器学习，系统能够从大规模数据中学习模式和规律，从而实现对数据的自动分类、预测和优化。在大数据处理中，机器学习应用广泛，如在推荐系统、广告优化、欺诈检测等领域。深度学习作为机器学习的分支，通过模拟人脑神经网络的结构，使得机器能够更好地处理非结构化数据，如图像、语音和自然语言。

最后，人工智能技术在大数据处理中不断发展和应用。人工智能包括多种技术，如自然语言处理、图像识别、语音识别等，这些技术使得计算机能够更好地理解和处理非结构化数据。在大数据领域，人工智能的应用包括自动化数据清理和预处理、智能推荐系统、智能决策支持等。通过人工智能技术，企业能够更快速地从大量数据中提取有用信息，实现智能化的数据分析和应用。

2. 应用领域

首先，商业领域是大数据应用的一个重要领域。通过大数据分析，企业可以深入了解市场动态、竞争态势和消费者行为。一是，大数据在市场趋势分析上发挥着重要作用。通过对大规模市场数据的收集和分析，企业可以实时洞察市场的变化，捕捉潜在商机，更灵敏地调整产品定位和市场策略。二是，大数据分析支持企业深入了解用户需求。通过分析用户的购买历史、点击行为、社交媒体互动等数据，企业可以绘制精准的用户画像，为产品设计、定价和营销提供有力的数据支持。这使得企业能够实现精准营销、个性化推荐，提升用户体验，从而提高客户满意度和忠诚度。

其次，医疗领域也是大数据应用的一大亮点。大数据在医学研究、临床决策和健康管理等方面发挥重要作用。一是，大数据在疾病预测和防控方面具有潜在价值。通过分析大规模的流行病学数据、基因组数据以及环境因素，医学研究人员可以预测疾病的传播趋势、制定针对性预防策略。二是，大数据支持基因组学研究。通过分析大量基因数据，科学家能够识别基因与疾病之间的关联，为个性化医疗和药物研发提供基础。此外，大数据还在临床决策中发挥重要作用，通过分析患者的电子健康记录、医学影像等数据，帮助医生更准确地诊断疾病、制定治疗方案，提高医疗效率。

再次，教育领域逐渐深入应用大数据技术。一是，大数据在学生学习行为分析上提供了新的可能性。通过对学生在在线学习平台上的学习行为、答题情况等数据进行分析，教育机构可以了解学生的学习习惯、掌握程度和困难点，从而调整教学内容和方法，实现个性化教学。二是，大数据支持教育决策和政策制定。通过对学生招生、课程设置、师资配置等方面的数据进行分析，教育管理者可以制定更科学的决策和政策，提高教育质量和效益。此外，大数据还在教育评估和教学质量监控方面发挥作用，通过对学生学业成绩、毕业生就业情况等数据的分析，评估学校和课程的综合质量。

最后，金融领域是大数据应用的先行者之一。大数据在金融行业的风险管理、反欺诈、客户关系管理等方面发挥重要作用。一是，大数据在风险管理中提供了更全面的信息。通过分析大量的市场数据、客户交易数据和宏观经济数据，金融机构可以更准确地评估贷款和投资的风险，制定更有效的风险管理策略。二是，大数据支持反欺诈工作。通过对客户的交易行为、历史信用等数据进行实时监测和分析，金融机构能够更快速地识别异常交易和欺诈行为，从而加强防范和打击金融犯罪。三是，大数据在客户关系管理方面发挥了重要作用。通过分析客户的历史交易记录、行为偏好和反馈信息，金融机构可以实现精准的客户分群和定制化服务，提高客户满意度和忠诚度。此外，大数据还在股市预测、量化交易等领域展现出强大的应用潜力，为投资者提供更准确的决策支持。

二、大数据对商业模式的影响机制

（一）个性化服务

首先，大数据对于个性化服务的影响主要体现在对用户行为的深入分析。通过大数据技术，企业能够收集、存储并分析海量的用户数据，包括但不限于购买历史、搜索记录、点击行为、社交媒体互动等。这一庞大而多样的数据池为企业提供了深入洞察用户行为的机会，从而更全面地了解用户需求、兴趣和偏好。这些数据不仅涵盖了用户在线行为，还包括离线行为，如实体店购物、社交活动等，使得用户画像更加丰富和立体。

其次，大数据的个性化服务机制通过实时监测和分析用户行为，实现了实时反馈和动态调整。传统的市场研究和调查往往需要较长时间的周期，而大数据技术能够实时地捕捉用户的行为和反馈。通过实时数据分析，企业可以快速了解用户当前的需求和偏好，及时调整产品推荐、促销活动等策略。这使得个性化服务不再是一次性的静态推荐，而是能够随着用户行为和喜好的变化实时调整，提供更加精准的个性化体验。

再次，大数据的个性化服务在产品推荐方面发挥了重要作用。通过分析用户的购买历史和浏览记录，企业可以利用推荐算法为用户推荐更符合其兴趣和需求的产品。这种个性化的产品推荐不仅提高了用户的购物满意度，同时促进了销售转化率。例如，电商平台通过分析用户的购物历史和点击行为，可以为用户提供个性化的商品推荐，增强用户对相关商品的兴趣，从而提高购买的可能性。这种个性化推荐模式能够更好地满足用户个性化的购物需求，为企业带来更高的销售额。

最后，大数据的个性化服务机制促使企业实现客户关系的深度维系。通过深入了解用户需求，企业能够为用户提供个性化的服务，建立更加紧密的客户关系。这种深度维系不仅体现在交易关系上，更包括用户体验的方方面面。例如，在线内容服务平台可以通过分析用户的阅读和观看习惯，为用户推荐个性化的文章和视频，提升用户在平台上的停留时间和黏性。这样的深度维系不仅有助于提高用户忠诚度，还可以提升企业的口碑和品牌影响力。

（二）精准营销

大数据在商业模式中的另一个显著影响是精准营销。通过分析客户的消费习惯、社交网络等信息，大数据帮助企业更准确地进行市场定位和目标客户群体的识别，从而实现精准营销，提高市场营销效果。

在传统的广告和营销中，企业通常采用面向整个市场的宣传策略，在大众媒体上投放广告，希望吸引更多潜在客户。然而，这种广义的宣传模式可能效果并不理想，因为不同的用户群体对产品或服务的兴趣和需求有所不同。大数据的精准营销机制通过深入挖掘用户数据，识别出潜在客户的细分群体，更有针对性地进行广告投放和宣传活动。例如，通过分析用户在社交媒体上的行为，企业可以了解用户的兴趣爱好、社交圈子，从而制定更具针对性的广告内容。电商平台可以根据用户的购物历史和搜索记录，向其展示相关产品的广告。

通过精准营销策略，企业能够提高广告投放效果，降低成本，同时更好地满足用户的个性化需求。这种以数据为基础的精准营销模式在商业模式中发挥了重要作用，使得市场营销更加智能化、高效化。

（三）创新模式

大数据为企业提供了更多创新可能性，推动商业模式的变革与升级。通过深度挖掘数据，企业可以发现新的市场机会，创新产品或服务，从而实现商业模式的创新。

首先，大数据分析可以揭示市场趋势和消费者行为，帮助企业更好地把握市场动向。通过对海量数据的分析，企业能够识别出新兴的需求和潜在的市场机会。例如，某社交媒体平台通过分析用户的讨论和关注话题，及时发现并推出热门话题相关的功能，以满足用户的新需求。

其次，大数据还可以用于产品创新。企业可以通过对用户反馈和市场数据的分析，了解用户对现有产品的满意度和不足之处，进而调整产品设计，推出更符合市场需求的新产品。例如，智能手机制造商通过分析用户的使用数据，推出更智能、便捷的手机功能。

最后，大数据还支持服务创新。通过深度挖掘用户行为数据，企业可以更好地了解用户需求，提供更贴近用户需求的服务。例如，共享经济平台通过分析用户的使用数据，优化服务流程，提升用户体验。

第三节 大数据时代商业模式的特征

一、从经验主导到数据驱动

传统商业模式在很大程度上依赖于经验和直觉。在过去，企业决策通常基于高层管理人员的经验和洞察力，他们依赖于个人的商业直觉做出战略和战术决策。这种经验主导的商业模式建立在管理层对市场和行业的深刻理解以及对客户需求的直观感知上。然而，随着市场环境的变化和业务规模的扩大，传统商业模式逐渐暴露出局限性，因为个体经验和直觉可能受到主观性和片面性的影响，难以全面准确地把握复杂的商业环境。

大数据时代的到来引领商业模式的转变，从经验主导型逐渐演变为数据驱动型。一是，数据的广泛收集和存储成为可能。随着技术的进步，企业能够以前所未有的规模和速度收集各种类型的数据，包括市场数据、用户行为数据、供应链数据等。这为企业提供了海量的信息，从而打破了以往依赖有限经验的束缚。二是，大数据技术的发展使得企业能够对这些数据进行深度分析。通过先进的数据分析工具和算法，企业能够挖掘数据中的信息，从而更全面、客观地了解市场和业务环境。这种数据驱动的分析方法可以提供更精准的市场洞察，为企业制定战略提供更科学的依据。

大数据的应用使得企业能够更好地预测市场趋势。通过对历史和实时数据的分析，企业可以发现市场的动态变化、用户的需求趋势，从而提前预判市场未来的走向。这种预测能力使企业能够更早地捕捉商机，调整产品策略和市场定位，更好地适应竞争环境的变化。刘业政等（2020）研究提出了"4C"模型，认为可以从数据间的协同、计算间的协同、分析间的协同和人机间的协同四个方面实现大数据的价值发现,来提高数据赋能管理的有效性。预测分析的优势在于通过数据模型和算法的支持,降低了决策的不确定性,使企业能够更有信心地制定长期战略和短期战术。

大数据的应用使得产品设计和优化更具智能性。通过对用户行为和反馈数据的深入分析,企业可以更准确地了解用户的喜好和需求。这种数据驱动的产品设计模式可以确保产品更贴近市场需求,提高用户满意度。例如,电商平台可以通过分析用户的购物行为和搜索历史,为用户推荐个性化商品;科技公司可以通过分析用户使用数据,不断优化产品的界面和功能,提升用户体验。这种个性化的产品设计使得企业能够更灵活地满足不同用户群体的需求,提高产品的市场竞争力。

二、生态系统构建

(一)开放与多元

首先,大数据时代的商业模式注重构建开放的生态系统。企业不再仅仅关注自身的独立运营,而是倾向于通过开放性的合作,与各类合作伙伴共同参与构建一个生态系统。这一开放性的转变部分源于数字技术的发展,使得数据、信息更容易流通和共享。企业逐渐认识到,通过与其他组织、平台或创新者共享数据和资源,可以更好地应对市场的复杂性和多变性,提高创新能力和竞争力。

其次,生态系统通过数据共享实现合作伙伴之间的协同创新。一是,数据共享在合作伙伴关系中发挥重要作用。通过共享数据,企业能够获得更全面、深入的市场洞察,了解合作伙伴的优势和独特价值。这种信息的共享不仅有助于提高合作伙伴之间的透明度,还可以为双方提供更多创新的可能性。二是,生态系统通过资源共享实现协同效益。企业可以通过与合作伙伴分享技术、人才、物流等资源,实现资源的最优配置,从而提高效率和降低成本。这种资源共享有助于构建更加灵活和高效的生态系统,为合作伙伴创造共同价值。

再次,企业不仅与传统行业内的合作伙伴展开合作,更加开放于跨行业、跨领域的多元合作。一是,多元化的合作带来了更广泛的创新可能性。通过与来自不同行业的伙伴合作,企业可以获得来自不同领域的知识、经验和创新思维,促进更高水平的创新。二是,多元化的合作有助于企业更好地适应市场的多变性。由于大数据时代的商业环境日益复杂,与多元合作伙伴建立关系使企业更具灵活性,能够更好地适应市场的快速变化。

最后,开放与多元化的生态系统使得企业能够更好地应对市场挑战。一是,促进创新生态的建立。通过与外部创新者、初创公司等进行合作，企业能够更迅速地获得新技术、新理念，推动内部创新。二是，多元化的生态系统使得企业能够更好地规避风险。由于合作伙伴之间存在多样性，企业在面对市场波动时能够通过多元化的合作伙伴关系降低风险，形成一种相互补偿的机制。这有助于企业更加稳健地应对市场不确定性和风险。

（二）共同创新

首先，生态系统构建的核心理念是共同创新。在大数据时代，企业越来越意识到与合作伙伴共享数据和资源可以促进共同创新，进而拓展商业模式的边界。共同创新通过数据共享实现了更全面的市场洞察。企业与合作伙伴共享大量的市场数据，包括用户行为、市场趋势、竞争动态等信息，从而能够获得更深入、客观的市场洞察。这种共同创新的模式使得企业能够更全面地了解市场的变化，更精准地把握消费者的需求，从而在产品开发和市场推广中更具优势。

其次，共同创新通过资源共享实现了协同效益。企业与合作伙伴之间的资源共享不仅包括技术、人才、物流等资源，还包括对创新的理解和经验。一是，共同创新通过技术和人才的共享实现了创新能力的提升。合作伙伴之间可以共同利用对方的技术专长和人才优势，在新产品开发、技术研究等方面形成协同效应。二是，共同创新通过经验和知识的共享实现了更快的学习曲线。企业可以借鉴合作伙伴的经验教训，避免走弯路，加速创新过程。这种资源共享有助于提高效率、降低成本，推动产业创新的快速落地。

最后，共同创新通过合作伙伴之间的协同努力实现了更广泛的创新可能性。一是，共同创新通过多元合作伙伴的参与实现了跨领域创新。合作伙伴之间的多样性使得创新团队突破传统产业界限，从而更容易发现新的商业机会和解决方案。二是，通过不同规模企业的参与实现了创新生态系统的构建。大企业与初创公司、科研机构的合作，能够形成创新的链条，使得创新在整个生态系统中得以迅速传播和推广。

第四节　大数据时代商业模式创新的维度

2016 年，Clauss 提出商业模式创新的三个维度和十个子构想，如图 2-1 所示。

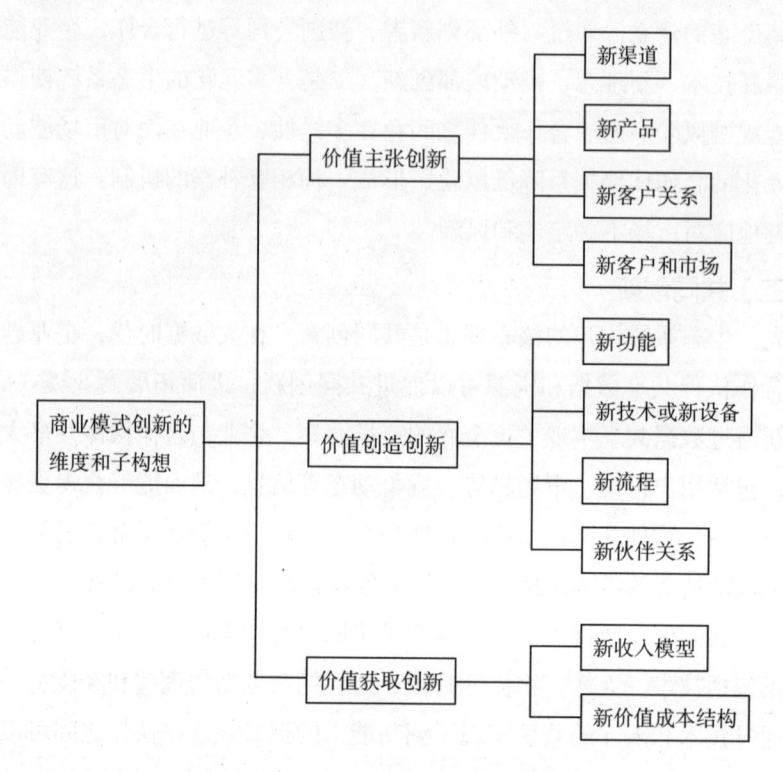

```
                                    ┌─ 新渠道
                                    ├─ 新产品
                    ┌─ 价值主张创新 ─┤
                    │               ├─ 新客户关系
                    │               └─ 新客户和市场
                    │
                    │               ┌─ 新功能
商业模式创新的       │               ├─ 新技术或新设备
维度和子构想    ────┼─ 价值创造创新 ─┤
                    │               ├─ 新流程
                    │               └─ 新伙伴关系
                    │
                    │               ┌─ 新收入模型
                    └─ 价值获取创新 ─┤
                                    └─ 新价值成本结构
```

图 2-1　商业模式创新的维度

一、价值主张创新

（一）新渠道

1. 多行业资源整合

跨界整合型商业模式的核心在于整合多个行业的资源，从而形成多元化的新渠道。这涉及不同行业的供应渠道、生产渠道、销售渠道等多个环节的整合，使企业能够更全面地满足市场需求。

（1）供应渠道整合

通过整合不同行业的供应渠道，企业可以实现原材料、零部件等资源的高效利用，降低生产成本，提高生产效率。

（2）生产渠道协同

不同行业之间的生产过程存在关联，跨界整合使得企业能够协同生产，实现资源的优化配置，提高整体生产效益。

（3）销售渠道拓展

跨界整合使企业能够拓展销售渠道，通过跨行业合作，将产品推向更广泛的市场，提升销售业绩。

2.电商平台

电商平台建立了一个强大的基础设施，包括在线支付系统、物流配送体系、用户数据库等。这些技术支持确保了卖家和买家能够安全、高效地进行交易。在线支付系统保障交易的资金安全，而物流配送体系则确保商品能够准时送达，提高了整体的交易可靠性。

电商平台通过数字化方式，极大地提高了交易的便捷性。买家可以在任何时间、任何地点浏览和购买商品，而卖家能够随时发布商品信息。这种开放性的交易环境消除了时空限制，为卖家和买家提供了更广阔的市场。

为了提升用户体验，电商平台注重界面设计、搜索算法和个性化推荐系统的优化。通过智能化的推荐系统，平台可以根据用户的历史行为和偏好，向其推荐更符合兴趣的商品，提高购物的满意度和效率。

电商平台通过连接卖家和买家，形成了一个多边市场。卖家可以将各种商品上传至平台，而买家可以在平台上找到几乎所有品类的商品。这种多边市场的形成带来了更多选择和竞争，使得平台能够满足不同消费者的多样化需求。

电商平台通过数据分析了解用户的购物行为和偏好，从而精准地进行商品推广。这种个性化推广使得用户轻松发现符合其兴趣的商品，同时提高了卖家的商品曝光率，促进了销售。

电商平台作为典型的平台型商业模式，通过连接卖家和买家，构建了一个庞大的在线交易生态系统。在提供便捷的购物体验的同时，平台不断优化用户体验、拓展商品种类、提高服务质量，为参与者创造更多价值。

3.社交媒体平台

社交媒体平台的成功在于其独特的平台架构和社交图谱。平台通过建立用户个人资料、关注关系、社交群体等元素，构建一个庞大的社交图谱。这种图谱不仅反映了用户之间的社交关系，还为平台提供了深入了解用户需求和兴趣的数据基础。

社交媒体平台通过即时互动和实时更新，强化了用户之间的社交关系。用户可以即时回应、评论和分享朋友的动态，形成了一个高度互动的社交环境。这种实时性的特点使得平台成为产品宣传推广的重要渠道,同时提高了用户黏性和活跃度。

社交媒体平台的多媒体内容分享不仅限于文字,更包括图片和视频等形式。这种视觉化的社交方式更直观、生动,为用户提供了更多表达自我的可能。用户可以通过图片和视频分享生活中的点滴,增强了社交媒体的情感共鸣。

多媒体内容的分享不仅来自官方渠道,更源于用户生成的内容(UGC)。社交媒体平台鼓励用户创造性地分享自己的作品,从而丰富了平台上的内容。这种UGC的分享形式拉近了用户之间的距离,打破了传统媒体的单向传播模式。

多媒体内容的丰富形式为平台创造了更多商业机会。广告主可以通过图片和视频广告更直观地传达产品的信息,而品牌也能够通过与用户生成的多媒体内容合作,提升品牌认知度和用户互动体验。

社交媒体平台作为联结用户社交关系的重要工具,通过其独特的平台架构、社交算法和多媒体分享机制,构建了一个充满活力的社交生态系统。这种系统不仅为用户提供了交流的场所,也为商业活动提供了新渠道。

4. 手机应用商店

手机应用商店构建了一个庞大的平台生态系统,通过联结开发者和手机用户,实现了应用的分发、销售和使用。在这个平台上,开发者可以发布应用,而用户则可以方便地浏览、下载和使用这些应用,形成了一个多边市场。

手机应用商店通过提供便捷的应用搜索、下载和更新功能,大幅提升了用户体验。用户可以轻松找到符合自己需求的应用,而开发者也能更直接地触达潜在用户,促使应用被广泛采用。手机应用商店通常利用用户数据进行分析,以理解用户的偏好和行为。这种数据驱动的方法使得平台能够更好地优化推荐算法,提供个性化的应用推荐,从而增强用户黏性和满意度。

对于开发者而言,手机应用商店提供了广泛的推广和营销机会。通过在应用商店中展示和推广应用,开发者可以吸引更多用户,提高应用的知名度和用户基数。这也为开发者创造了更好的商业机会。

(二)新产品

1. 智能化定制产品

(1)数据驱动的个性化定制

通过大数据技术,企业可以深入了解客户的个体需求和偏好,实现智能化的产品定制，提升客户满意度。

（2）客户参与的个性化设计

企业可以通过引入客户参与的设计环节，让客户根据自己的需求参与产品设计，实现真正意义上的个性化定制。

2.个性化推荐系统

（1）多维度数据分析

企业可以通过多维度的数据分析，包括用户的浏览历史、购买记录、社交互动等信息，优化个性化推荐系统的算法，提高推荐的准确性和精度。

（2）实时反馈与调整

建立实时反馈机制，通过用户行为数据的实时分析，及时调整个性化推荐系统的策略，确保推荐内容始终符合用户当前的兴趣和需求。

（三）新客户关系

1.行为分析与需求预测

通过对客户行为的深度分析，企业可以更好地预测客户的需求，为其提供个性化的产品和服务，提升整体用户体验。

2.跨渠道一体化体验

整合不同渠道的客户数据，实现跨渠道一体化客户体验。这包括线上线下一致的购物体验、客户服务体验等，通过数据驱动，提高客户满意度和忠诚度。

通过以上个性化服务的拓展，跨界整合型企业能够更好地满足不同客户群体的需求，提升市场竞争力，同时建立品牌在客户心目中的形象。

（四）新客户和市场

1.社区经济的崛起

社区共享型商业模式通过在线平台将资源和需求进行整合，形成一种共享经济的新型业态。企业需要借助大数据技术，实现对社区成员的精准匹配，提高平台的活跃度。随着数字化技术的不断发展，社区共享型商业模式在城市化进程中发挥着越来越重要的作用。企业应抓住社区经济的发展趋势，通过大数据技术实现资源的智能匹配，推动社区内资源的高效利用。

在社区共享型商业模式中，用户参与是推动平台发展的重要动力。企业应通过数据分析了解用户需求，激发用户参与，促进平台的社交化运营。通过大数据分析，企业可以洞察用户社交行为，建立社交网络图谱，精准推送个性化内容，提高用户黏性，促进社区的活跃度。

社区共享型商业模式建立在用户之间的资源共享和交换基础上，因此信任是平台成功运营的重要因素。企业需要通过数据透明、用户评价体系等方式建设用户之间的信任关系。面对线上交易和资源共享，企业需要建立健全的安全保障机制，包括支付安全、交易保险等，保障用户的合法权益，降低用户的风险感受。

2. 社区农场

社区农场的核心目标之一是通过将城市居民与当地农民联结起来，实现农产品的直供。这种联结不仅是商品的交易关系，更是一种重新建立城乡联系的途径。居民通过社区农场可以获得更直接、新鲜的农产品，而农民则能够找到稳定的市场，形成双赢的局面。

社区农场通常提供给城市居民参与式的农场活动，包括但不限于耕种、播种、收获等。这样的参与式农场活动不仅让居民更深入地了解农业生产的过程，还提供了一种回归自然、放松身心的机会。这种体验式的农场活动也有助于增强居民对农业劳动的尊重和理解。

社区农场通过直接联结城市居民和农民，使得食品供应链更加透明。居民可以清晰了解农产品的来源、生产过程和质量，建立一种信任关系。这对于如今越来越重视食品安全和可追溯性的消费者来说，具有重要意义。

社区农场不仅是商品流通的场所，更是社交互动的平台。在农场活动中，居民之间可以互相认识、交流，建立更紧密的社区联系。这种互动有助于消除城市中人与人之间的陌生感，形成一个更具社区精神的环境。参与社区农场的活动，特别是共同体验农业生产过程的活动，加强了社区成员之间的凝聚力。共同的体验和参与使社区成员之间建立了更加深厚的关系，形成了一种共同体验的社区文化。社区农场也是居民之间农产品交流和分享的平台。有些社区农场实行合作农场制度，居民共同分享农产品的收成。这不仅使居民可以获得更多元的农产品，还促进了社区成员之间的合作和分享。

3. 本地创意市集

本地创意市集平台是一个汇聚本地创意产业的集市，为本地设计师、手工艺者、艺术家提供了展示和销售其作品的平台。这种集聚有助于形成一个本地创意产业的社群，提升创意产业在社区内的影响力。

通过本地创意市集，设计师和手工艺者得以更直接地接触消费者，了解市场需求和用户反馈。这种直接的反馈机制有助于推动创意设计的不断创新，使创意产业保持活力。本地创意市集作为本土文化的展示窗口，不仅有助于传承和弘扬本地传统文化，同时也为当代文化创作者提供了展示自己作品的机会。这种文化的多元性在市集中得以展现，形成了一个多元文化的碰撞和融合之地。

本地创意市集是传承本地手工艺技艺的平台之一。手工艺者可以在市集中传授和展示传统手工艺技艺，使这些技艺得以传承和发扬光大。这对于一些濒临失传的手工艺品有重要的保护作用。

在上述应用领域中，通过整合不同行业的资源，创新性地拓展了服务范围、增加了产品的新功能，提升了企业的竞争力和创新能力。在金融、农业、医疗健康行业、制造业的实践中，跨界整合模式逐渐成为企业应对市场变革、推动产业升级的有效战略之一。

二、价值创造创新

（一）新功能

1. 金融领域

商业模式在科技与金融领域的应用主要表现为科技公司与金融机构之间的紧密合作，共同推动金融服务的创新。科技巨头如 ALBB、腾讯等通过整合金融资源，推出了一系列创新性金融服务，包括数字支付、保险等，拓展了金融服务的边界。科技公司通过引入人工智能、大数据分析等技术手段，提高金融服务效率和体验，提供个性化、智能化的金融产品，推动金融科技的发展。

2. 农业

通过互联网技术，农业企业能够实现生产信息化、销售网络化，提高农产品的质量和市场竞争力，实现农业现代化。

3. 医疗健康行业

互联网企业与医疗机构合作，建立健康数据平台，推动医疗信息化和远程医疗服务，提高医疗资源利用效率，满足患者个性化需求。

4. 汽车制造业

传统汽车制造商通过整合共享经济理念，提供汽车共享服务，同时拓展与车辆相关的增值服务，如车辆维保、定制化服务等。

（二）新技术或新设备

1. 数据科学和机器学习应用

企业借助数据科学家和机器学习专家的力量，运用先进的数据分析和建模技术，对海量数据进行深度挖掘，发现隐藏的模式和规律。

2. 实时数据处理

数据驱动型企业实现实时数据处理，通过流式分析技术对数据进行即时处理，使企业能够及时做出决策并迅速适应市场变化。

3. 先进的存储技术应用

企业采用云计算等先进存储技术，实现大规模数据的高效、安全、可扩展地存储，确保数据的及时性和可用性。

（三）新流程

敏捷决策与改进流程。数据驱动型企业建立敏捷的决策流程，快速响应市场变化，通过数据反馈持续改进业务流程，提高运营效率和灵活性。

（四）新伙伴关系

1. 多方参与

构建平台建立多边市场包括供应商、消费者、开发者等。这些参与者在平台上相互关联，形成一个复杂而有机的生态系统。供应商通过平台提供产品或服务，消费者通过平台获取所需，而开发者则为平台增添新的功能和创新。

多边市场不仅是一个交易的场所，更是一个互动的生态系统。参与者之间可以通过平台进行信息交流、合作，甚至共同创新。这种互动性的生态系统促使平台成为一个社交和合作的空间，远远超出了传统商业模式的范畴。通过连接多方参与者，平台形成了协同效应。不同参与者之间的合作和互动产生了更大的价值，推动了平台整体的发展。例如，开发者的创新可以为消费者提供更好的体验，而消费者的需求反馈又能激发新的创新。

多边市场的灵活性和多样化选择激发了创新。企业可以更灵活地推出新产品或服务，适应市场需求的变化。这种创新的推动力使得多边市场能够更好地适应不断变化的商业环境。

2. 第三方生态系统

通过开放性和共享性，平台型企业能够建立起一个强大的第三方生态系统。这个生态系统包括众多第三方开发者、合作伙伴和服务提供商。这些多元化的参与者为平台注入了创新和多样性，推动了整个生态系统的繁荣。第三方生态系统成为平台创新的源泉。各方可以通过平台提供的开放接口和数据，创造出更多有趣、实用的应用和服务。这种创新的激发使得平台能够不断适应市场需求，提高竞争力。第三方生态系统形成了一个合作共赢的局面。平台通过开放性吸引了更多创新者和合作伙伴，这些参与者在平台上建设自己的应用和服务，共同推动整个生态系统的发展。这种合作共赢的关系为平台增加了吸引力，也为第三方带来了更多商机。

三、价值获取创新

价值获取创新包括新的收入模型创新和新价值成本结构创新。

第三章

大数据时代商业模式创新的驱动因素

第一节 技术驱动

一、大数据技术发展与应用

（一）技术背景

首先，随着社会各个领域数据的爆发性增长，传统的数据处理技术面临着前所未有的挑战。大数据时代的到来使得数据量呈现指数级增长，这包括来自社交媒体、物联网设备、传感器、日志文件等多个来源的海量数据。传统的数据库管理系统在面对如此庞大和复杂的数据集时，逐渐显得力不从心。一是，传统数据库管理系统的存储和计算能力有限，无法有效处理大规模数据的高速增长。二是，传统系统的数据模型和查询语言难以适应非结构化数据和半结构化数据的处理需求。这种情况下，传统技术的瓶颈逐渐凸显，迫使业界寻求新的数据处理方法和工具。

其次，传统数据库管理系统难以应对海量数据的高速增长和复杂结构。随着互联网的普及和数字化转型的推进，各个行业和领域的数据呈爆发式增长。大数据的特征不仅在于数据量的庞大，更体现在数据的多样性、高速生成和实时性要求上。传统数据库管理系统面对这样的挑战，往往在处理效率和实时性上表现不佳。数据包括结构化、半结构化和非结构化数据，而传统系统主要设计用于处理结构化数据，难以胜任非结构化数据和半结构化数据的复杂处理。此外，大数据的高速生成要求系统能够快速采集、存储和分析实时数据，而传统系统的处理速度和扩展性往往难以满足这一需求。

最后，大数据技术应运而生，成为应对传统技术挑战的有效解决方案。国内学者谢卫红教授（2018）在分析国内企业大数据应用实践的基础上，提出大数据能力是一种获取、整合企业内外部大数据资源,通过深度分析、处理并提取潜在的商业价值,不断适应外部环境变化的动态能力。大数据技术涵盖了一系列新型的数据处理工具和框架,包括分布式存储系统(例如 Hadoop Distributed File System,HDFS)、分布式计算框架(例如 Apache Spark)、非关系型数据库(例如 MongoDB、Cassandra)、流处理框架(例如 Apache Flink)等。一是,分布式存储和计算系统允许数据在多个节点上并行处理,从而提高了数据的处理速度和系统的扩展性。二是,非关系数据库(NoSQL)适用于非结构化数据和半结构化数据,具有更灵活的数据模型和更好的横向扩展性。这些新兴技术的应用使得企业能够更好地应对大数据时代带来的数据激增和复杂性。

大数据技术的发展为各行各业带来了巨大的机遇。在金融领域,大数据技术的应用可以帮助银行和金融机构更好地进行风险管理、欺诈检测和客户信用评估。在医疗领域,大数据技术可以加速医学研究、实现个性化医疗,并提升临床决策的准确性。在零售业,通过大数据分析,企业可以更好地理解消费者行为,进行精准的市场定位和产品推广。大数据技术的广泛应用不仅推动了科技创新,也为企业提供了更强大的数据驱动能力,促进了产业升级和经济发展。

(二)重要技术

1. 分布式存储与计算

首先,分布式存储与计算成为大数据时代的重要技术,主要是为了应对传统数据处理方式面临的规模化和复杂性挑战。在传统的数据处理模式中,数据通常存储在单一的中心化服务器上,随着数据量的爆发性增长,传统的存储和计算模式已经无法满足大规模数据的需求。因此,分布式存储云计算技术应运而生,其核心思想是将数据分散存储在多个节点上,并通过并行计算的方式来处理这些分布式存储的数据。

其次,分布式存储的典型代表之一是 Hadoop 分布式文件系统(HDFS)。HDFS 采用了一种分布式的文件存储方式,将大规模的数据块分散存储在多个节点上,提高数据的容错性。这种分布式存储的架构不仅能够应对大规模数据的存储需求,还能够通过多副本的方式确保数据的可靠性。另外,Hadoop 引入了 MapReduce 计算框架,通过在分布式存储的基础上实现分布式计算。MapReduce 将数据分解为多个小任务,分配到不同的节点上进行并行计算,最终将结果进行整合。这种分布式计算模式有效解决了大规模数据的处理效率问题,使得企业能够更高效地处理海量数据。

再次，分布式存储与计算技术提高了数据处理效率。通过在多个节点上存储数据，大大增加了数据的冗余备份和可用性。即使某个节点发生故障，系统仍能通过其他节点上的数据进行恢复，保障了数据的安全性。同时，通过并行计算，大幅提高了数据处理速度，实现了大规模数据的实时处理。这对于需要及时响应市场变化和用户需求的行业尤为重要，如金融、电商等领域。

最后，分布式存储与计算不仅在技术层面提高了数据处理效率，也为企业提供了更灵活的数据处理和分析手段。通过采用分布式存储与计算技术，企业可以更好地应对不断增长的数据量，实现数据的弹性扩展。同时，分布式存储与计算技术也为企业提供了更灵活的计算资源调度方式，使得企业能够根据实际需求动态分配计算资源，提高资源利用率。

2.数据挖掘与机器学习

首先，数据挖掘和机器学习在大数据时代的崛起与企业对海量数据中有价值信息的需求密切相关。随着数据规模的爆发性增长，传统的数据处理方式难以有效地提取和分析其中的重要信息。因此，数据挖掘和机器学习作为重要技术应运而生，以应对企业在大数据时代面临的挑战。

其次，数据挖掘是一种通过运用统计学、数学和机器学习等方法，从海量数据中发现模式、趋势和规律的过程。在大数据环境下，企业面对的数据量庞大、多样化，传统的数据分析手段已经无法满足分析和挖掘的需求。数据挖掘技术通过使用各种算法，如关联规则挖掘、分类、聚类等，帮助企业从海量数据中提取有用的信息。例如，通过关联规则挖掘，企业可以了解产品销售中的潜在关联性，从而进行更精准的市场定位和推广策略。数据挖掘技术的应用使得企业能够更深入地理解其业务和市场，为决策提供全面的参考依据。

再次，机器学习是数据挖掘的重要分支，通过计算机系统自动学习并改进性能，实现对数据的模式识别和预测。在大数据时代，机器学习技术可以帮助企业更好地理解用户行为、预测市场趋势，为企业提供智能化的业务决策支持。例如，在电商领域，机器学习模型可以分析用户的购物历史、浏览行为，从而推荐个性化商品，提高购物体验和销售转化率。机器学习的应用不仅可以加速决策过程，还可以根据数据的变化不断调整模型，适应不断变化的市场环境。

最后，数据挖掘和机器学习的结合为企业提供了更强大的分析和预测能力。

通过对大数据集进行深度学习和模型训练，企业可以挖掘出隐藏在数据背后的信息，发现潜在商机。

3.实时处理技术

首先，实时数据处理技术是大数据时代的重要组成部分，它使企业能够在数据产生的同时进行及时的处理和分析。这一技术的引入对于那些需要对实时事件做出迅速决策的行业，如金融、电商和物联网等，具有重要的战略价值。其中，Apache Storm 和 Apache Flink 等典型的实时处理技术成为企业在追求实时数据处理过程中的重要选择。

其次，Apache Storm 作为一种开源分布式实时计算系统，为企业提供了强大的实时数据处理能力。它采用了流式处理的模型，能够处理连续不断产生的数据流。企业可以通过 Storm 构建实时数据处理应用程序，实时获取、处理和分析数据，从而实现对实时业务状况的监控和调整。Storm 的分布式架构使得它能够横向扩展，处理大规模的实时数据，确保了处理效率和容错性。

再次，Apache Flink 是另一种强大的实时数据处理框架，具有流处理和批处理能力。Flink 提供了精确一次语义（Exactly-Once Semantics，EOS）的处理保障，确保了数据处理的准确性和一致性。Flink 支持事件时间处理，能够处理数据流中的乱序事件，提供更加灵活和高效的实时处理解决方案。企业可以通过 Flink 实现实时数据分析、实时监控和实时决策，对业务的迅速变化作出及时响应。

此外，实时数据处理技术的应用不仅局限于特定行业，也在多个领域展现出卓越的性能。在电商行业，实时处理技术可以用于用户行为分析，通过即时监测用户的浏览和购买行为，为个性化推荐提供支持。

最后，实时数据处理技术的引入使企业能够更及时地获取信息、做出决策，实现对市场变化的快速响应。它不仅提高了业务的灵活性，还为企业提供了更加实时、精准的数据分析和洞察。通过实时处理技术，企业可以更好地把握市场机会，提升竞争力，推动业务的创新和发展。

二、技术驱动的影响

（一）商业智能化

1.数据驱动的决策升级

首先，大数据技术的广泛应用为企业带来了商业智能化。通过深度分析海量数据，企业能够实现对市场、用户和业务的全面了解。这使得企业不再仅仅依赖于有限的经验和直觉，而是能够基于客观的数据获取更准确、科学的信息，从而提高决策的智能水平。

其次，大数据技术的应用使得企业能够更全面地了解市场信息。通过分析大规模的市场数据，企业可以捕捉潜在的市场趋势、竞争态势和消费者行为。这些数据不仅来自企业内部，还包括外部环境的多方面信息。例如，通过社交媒体数据分析，企业可以了解消费者对产品和服务的评价，从而及时调整营销策略。这种全面的市场信息使得企业能够更加准确地把握市场动态，为决策提供更科学的基础。

最后，数据驱动的决策不仅体现在对市场和用户的理解上，还包括对业务运营的全面优化。通过对生产、供应链、销售等方面的大数据分析，企业可以发现潜在的效率提升点和成本降低的机会。例如，在制造业中，通过分析生产线的实时数据，企业可以实现智能制造，提高生产效率和产品质量。这种全面优化的决策不仅提高了企业的运营效率，也为企业提供了更具竞争力的业务模式。

2.市场定位的精准性提升

首先，大数据技术的广泛应用为企业提供了更加精准的市场定位手段。通过深入挖掘消费者行为和偏好的大数据分析，企业能够获得更全面、细致的市场信息，从而更准确地理解目标市场的需求和动态。这种全面性的市场信息不仅来自企业内部的数据，还包括外部环境、竞争对手等多方面信息。通过对这些数据的综合分析，企业能够明确目标市场的特征、趋势和机会，从而更精准地定位自身在市场中的位置。

其次，大数据技术的应用使得企业能够更深入地了解消费者行为。通过分析消费者在线购物、社交媒体互动等大数据来源，企业可以洞察消费者的购物习惯、喜好和需求。例如，电商平台可以通过分析用户的购物历史和点击行为，了解用户对不同产品的偏好，从而为用户提供个性化的推荐服务。这种对消费者行为的深入了解为企业提供了更准确的市场细分，使得定位更加精准，更有针对性地满足不同群体的需求。

再次，大数据技术的应用使得企业能够更灵活地调整市场定位策略。通过实时监测市场反馈和数据变化，企业可以及时调整市场定位和营销策略，以适应市场的动态变化。这种灵活性的市场定位使得企业能够更好地适应激烈的市场竞争，提高对市场机会的敏感度，保持市场占有率的竞争优势。

最后，大数据技术的应用使得企业能够更有效地评估市场潜力和竞争态势。通过对市场数据的深度分析，企业可以更清晰地了解目标市场的规模、增长趋势和竞争格局。这种对市场潜力和竞争态势的全面评估为企业提供了科学依据，有助于企业有针对性地制定战略目标、资源分配和市场推广计划。

3.产品优化与创新

首先，商业智能化在产品优化方面发挥重要作用。通过深入分析消费者反馈和市场趋势的大数据，企业能够更全面地了解消费者对产品的评价、需求和期望。这种深入了解有助于企业及时调整产品设计、功能和特性，以更好地满足市场需求。例如，通过监测用户使用数据，企业可以了解用户对产品的实际使用情况，从而优化产品的用户体验，提高产品的吸引力和竞争力。

其次，商业智能化为企业提供了创新商业模式的基础。通过对大数据的深度挖掘，企业能够发现市场中的新趋势、新需求，并基于此创造性地设计新的商业模式。例如，基于用户行为数据的订阅制度是一种创新的商业模式，通过深入了解用户的需求和使用习惯，企业可以提供个性化的订阅服务，更好地满足用户的个性化需求。个性化推荐系统是另一种商业模式创新，通过分析用户历史行为和偏好，企业可以向用户推荐更符合其兴趣的产品或服务，提高销售转化率。

最后，商业智能化为企业提供了更全面的创新机会。易加斌等（2018）认为大数据是通过引发商业模式的各构成要素的变革，如价值主张要素、价值创造与传递要素，从而实现商业模式的创新。通过对大数据的分析，企业可以发现未被发掘的市场需求，发现新的产品或服务创新点。这种数据驱动的创新可以在产品功能、设计、营销策略等多个层面体现。企业可以通过商业智能化找到市场中的空白点，提前抢占市场，实现差异化竞争。

（二）商业模式创新

1.订阅制度的兴起

首先，技术驱动的变革催生了企业从传统的产品销售模式向基于数据的订阅制度的兴起。随着信息技术的不断发展和普及，企业开始意识到数据的价值不仅体现在产品的一次性销售中，更体现在持续的数据服务中。传统的产品销售模式难以充分发挥数据的潜在价值，而基于数据的订阅制度能够更灵活地提供服务，并为企业创造可持续收入。

其次，企业通过订阅制度实现了持续的服务收入。与传统的一次性销售不同，订阅制度使得企业可以持续向用户提供服务,并通过定期收取订阅费用获得稳定的收入流。这种模式不仅使企业能够更好地规划财务,还有助于提高企业的财务可持续性。通过持续的服务收入,企业能够更灵活地投资于产品研发、技术创新,从而进一步提高产品和服务的质量。

再次,基于数据的订阅制度有助于企业与用户建立长期关系。通过持续提供有价值的数据服务,企业能够深入了解用户的需求和行为,从而更好地满足用户的期望。这种长期关系的建立不仅有助于提高用户忠诚度,还为企业提供了更多的机会与用户互动,收集用户反馈,不断优化产品和服务。

最后,订阅制度的兴起反映了消费者对个性化、定制化服务的需求。通过订阅制度,用户可以根据个人需求和偏好选择订阅的服务内容,实现个性化定制。这种个性化服务模式使得用户产生良好的定制化体验,增强了用户对企业的满意度,进而促使用户更愿意持续订阅行为。

2.个性化推荐系统的应用

首先,大数据技术的应用为企业提供了更精准的个性化推荐系统。通过对用户的历史行为进行深入分析,企业能够了解用户的购物习惯、浏览偏好、点击行为等,从而构建用户画像。这种个性化推荐系统基于用户的个体特征,能够更准确地预测用户的需求,为用户提供个性化的推荐体验。

其次,个性化推荐系统的应用在提升用户体验方面发挥了重要作用。通过精准的个性化推荐,用户能够更轻松地找到符合其兴趣的产品或服务,减少了在大量信息中搜索的时间和精力。这种针对性的推荐不仅提高了用户满意度,还提升了用户对企业品牌的认可度。用户在获得更个性化服务的同时,企业更容易实现用户忠诚度的提升,从而提高用户黏性和复购率。

再次,个性化推荐系统的应用为企业创造了更多销售机会。通过分析用户的购买历史和行为,企业可以向用户推荐他们可能感兴趣的新产品或附加服务,能够促使用户尝试新的产品类别,扩大用户购物范围,增加企业的销售额。

最后,个性化推荐系统的应用反映了企业对于用户隐私的高度关注。在构建个性化推荐系统的过程中,企业需要处理大量的用户数据,因此对用户隐私的合理处理和保护显得尤为重要。通过采用匿名化处理、数据加密等技术手段,企业能够在提供个性化推荐的同时,确保用户的隐私安全,符合相关法规和伦理标准。

3.数据驱动的运营方式

首先,数据驱动的运营方式有助于提高运营效率。通过对各个环节的数据进行监测和分析,企业能够及时发现运营中的问题和瓶颈,并采取有效的措施加以改进。例如,通过物流数据的实时监控,企业可以优化供应链管理,减少库存压力,提高物流效率。这种数据驱动的运营方式使企业能够更加迅速、灵活地应对市场变化,提高整体运营效率。

其次,数据驱动的运营方式有助于降低成本。通过对运营过程的深度优化,企业能够识别出成本高昂的环节,制定针对性的降本策略。例如,通过分析生产线的数据,企业可以识别出低效率的工作流程,并通过技术创新或自动化手段提高生产效率,降低生产成本。这种精细化的成本管理使企业更具竞争力,有助于在市场中获得更大的利润空间。

最后,数据驱动的运营方式使企业能够更好地实现精细化管理。通过对各个业务环节的数据进行监测和分析,企业能够深入了解内部运营情况,从而进行更加精细化的管理。例如,通过员工绩效数据的分析,企业可以制订个性化的培训计划,提高员工的工作效率和满意度。这种精细化的管理有助于企业更好地调动内部资源,提高整体运营水平。

第二节 市场驱动

一、消费者行为分析

(一)个性化需求的崛起

1.消费者画像的建立

首先,大数据时代为企业提供了庞大且多样的数据来源,使得建立消费者画像的过程更准确和全面。通过对消费者的购物历史进行深入分析,企业可以了解他们的购买偏好、频率以及购物渠道的选择等信息。这有助于企业更全面地把握消费者的消费习惯,为精准的个性化推荐和定制化服务打下基础。

其次,通过分析消费者的行为路径,企业可以追踪消费者在购物过程中的每一个环节。这包括网站浏览、点击商品、加入购物车、下单等环节的数据分析。通过对这些路径的分析,企业可以了解消费者的购物决策过程,识别潜在的购物痛点和需求,从而进行精准的个性化推荐和定价策略。

最后，在建立消费者画像的过程中，数据隐私和安全也是一个至关重要的考量因素。

2. 精准推荐系统的应用

首先，精准推荐系统的应用在大数据时代具有重要的商业价值。通过深入分析消费者的行为数据，企业能够构建精准的推荐系统，为用户提供个性化、定制化的产品或服务推荐。这种个性化推荐系统基于用户的历史购买记录、浏览行为、搜索习惯等多维度数据，通过算法模型对用户的兴趣和需求进行深入挖掘，从而实现更精准的推荐。

其次，个性化推荐系统的应用不仅提高了用户满意度，还在一定程度上解决了信息过载的问题。在大数据时代，用户面临海量的信息选择，精准推荐系统通过过滤和个性化排序，为用户呈现更符合其兴趣和需求的内容，提高了信息的利用效率。用户在众多选项中更容易找到他们感兴趣的产品或服务，提升了用户体验。

最后，在应用精准推荐系统的过程中，数据隐私和安全是应该高度关注的问题。企业需要采取有效的措施，确保用户的个人信息得到充分保护，遵守相关法规和标准，以维护用户的信任和企业的社会责任。

（二）用户体验的重要性

1. 数据驱动的用户界面设计

首先，数据驱动的用户界面设计在大数据时代起着重要作用。通过对用户在产品使用过程中的行为、互动等方面进行深入分析，企业能够获得大量有关用户体验的数据。这种数据驱动的方法使得用户界面设计更加科学、精准，有助于企业更好地理解用户的需求和期望。

其次，数据驱动的用户界面设计有助于优化产品设计。通过分析用户行为数据，企业可以发现用户在产品使用中的偏好、习惯以及对特定功能的反应。这些数据为产品设计提供了有力的依据，使得界面更符合用户期望，提高产品的易用性。例如，通过分析用户点击热图，企业可以了解到用户在界面上的关注点，从而合理调整界面布局和设计元素。

再次，数据驱动的用户界面设计有助于提高用户的满意度。通过深入分析用户反馈数据，企业可以及时发现和解决用户在使用过程中遇到的问题，改进产品的功能和性能。这种快速响应用户需求的能力有助于建立良好的用户关系，提高用户满意度和忠诚度。

最后,数据驱动的用户界面设计有助于提高用户黏性。通过分析用户互动数据,企业可以了解用户在产品中的停留时间、频繁使用的功能等信息,进而设计更吸引用户的界面元素,增加用户在产品中的停留时间,提高用户黏性。这种黏性有助于企业保持用户活跃度,提升产品的市场竞争力。

2.服务流程的优化

首先,大数据分析在服务流程的优化中发挥至关重要的作用。通过深入了解用户的反馈和行为,企业能够迅速捕捉用户需求的变化,为服务流程的优化提供科学依据。

其次,服务流程的优化需要建立在对用户行为的深入洞察基础之上。通过大数据分析用户的服务使用习惯、偏好以及对服务的评价,企业可以更全面地了解用户的需求和期望。这种深入了解为服务流程的调整提供了有力的数据支持。

再次,大数据分析帮助企业实现服务流程的快速调整。随着市场的快速变化,企业需要迅速响应用户的需求,调整服务流程以适应市场变化。大数据分析提供了实时的数据支持,使得企业能够更敏捷地调整服务流程,提供更高效、便捷的服务。

最后,通过大数据分析优化服务流程,企业能够实现更高水平的用户体验。通过对用户行为的深入理解,企业可以精确地识别服务流程中的用户痛点和当前服务瓶颈,并有针对性地进行优化。这种个性化的服务流程设计能够提升用户满意度,加强用户对企业的信任,从而增强品牌竞争力。

二、市场需求变化

(一)即时反馈对产品迭代的推动

实时数据分析在大数据时代企业中的重要性不可忽视。通过即时获取市场反馈,企业能够更敏锐地洞察产品在市场上的表现。这种敏感性使得企业能够首先了解用户的需求和期望,为产品和服务的优化提供方向。实时数据分析成为企业决策的重要因素,帮助企业更具前瞻性地制定战略,以适应市场的快速变化。

实时数据分析支持产品迭代和优化。通过实时监测用户评价、销售数据等信息,企业能够迅速识别产品存在的问题或不足之处。基于这些反馈,企业可以迅速进行产品迭代,提高产品质量,增强用户体验,从而保持产品的竞争力。实时数据分析在产品开发过程中发挥了重要作用,帮助企业实现持续创新。

敏捷的产品迭代模式在大数据时代的企业中显得尤为重要。即时反馈机制为企业提供了更敏锐的市场感知能力，使得企业能够更加及时地了解市场需求和用户反馈。这种背景下，采用敏捷的产品迭代模式成为企业适应市场变化、保持竞争力的有效手段。

敏捷的产品迭代模式强调快速响应市场需求。通过即时获取市场反馈，企业能够更加精准地了解用户需求的变化。在敏捷的迭代模式中，企业可以迅速调整产品设计、功能特性，以更好地满足用户的期望。这种快速响应机制使得企业能够在竞争激烈的市场中更具灵活性和竞争力。

敏捷的产品迭代模式促进了跨部门协同。这种模式下，各个部门之间的沟通和协作更加紧密，以确保产品的快速迭代和上线。市场部门、研发部门、销售部门等能够更好地协同工作，共同应对市场的挑战。这种跨部门协同对于迭代过程的顺利进行至关重要，从而保障了产品的及时更新。

敏捷的产品迭代模式强调持续创新。通过不断地收集、分析市场数据和用户反馈，企业能够推动产品不断演进，保持产品的新颖性和竞争力。敏捷的迭代模式鼓励企业保持创新意识，不断挑战和超越自身，确保产品在市场中的地位稳固提升。

（二）定制化产品与服务

1. 市场细分与定制化

首先，市场细分与定制化在大数据时代具有重要战略价值。通过深度挖掘大数据，企业能够进行更精准的市场细分。这意味着企业可以锁定更具体的目标客户群体，能够更好地了解和把握各个细分市场的消费特征、行为习惯以及需求差异。

其次，通过对市场细分数据的分析，企业能够更加清晰地了解不同细分市场的定制需求。每个市场细分可能有独有的特征和需求，大数据的细致分析有助于揭示这些特征。企业可以通过深入理解细分市场的需求，更精准地满足消费者的期望，提供符合其偏好和需求的个性化产品与服务。

再次，市场细分与定制化的结合使得企业能够更灵活地调整产品和服务。根据不同细分市场的特点，企业可以有针对性地进行产品创新、服务优化，以更好地满足不同市场的独特需求。这种灵活性和定制性的调整有助于企业提高市场反应速度，迅速适应变化。

最后，通过大数据分析的市场细分和定制需求有助于企业建立更紧密的客户关系。当企业能够满足客户个性化的需求时，客户更有可能感到被重视，从而增强对企业的忠诚度。通过深度理解不同细分市场的消费者，企业可以开展针对性的市场营销和客户关系管理，奠定更稳固的客户基础。

2. 个性化定价策略

首先，个性化定价策略是大数据时代的一项重要战略，通过深度挖掘大数据，企业可以首先了解不同细分市场的价格敏感度。价格敏感度反映了消费者对产品价格变化的反应程度，大数据的分析能够为企业提供详细的市场反馈数据，揭示不同消费者群体对价格的敏感程度。

其次，大数据分析还可以帮助企业更准确地了解市场细分群体的支付能力。通过深入挖掘购买历史、消费习惯等数据，企业可以更全面地了解不同细分市场消费者的经济水平，消费者的收入水平以及购买力等信息。这种详细的经济信息有助于企业确定每个细分市场的支付能力水平。

再次，根据不同细分市场的价格敏感度和支付能力，企业可以灵活调整个性化定价策略。价格敏感度较高的市场，可以采取更灵活的优惠策略，吸引更多消费者。支付能力较强的市场，则可以考虑提供高端产品或服务，实现利润最大化。

最后，个性化定价策略有助于提高产品的市场渗透率。通过根据市场细分群体的特征制定差异化的价格策略，企业可以更好地满足不同市场的需求，增加产品在各个细分市场的销售。这种个性化的定价策略使得产品更具吸引力，促进了市场渗透和份额的增长。

第三节　竞争驱动

一、行业竞争格局分析

（一）数字化转型的不断推进

1. 行业数字化的趋势

商业模式创新作为主动性市场导向创新，市场导向战略的实施无疑有助于企业在新市场开拓、新顾客开发和新交易的达成上比竞争对手表现得更优异。

首先，行业数字化的趋势在于加速数据资源的整合和管理。大数据技术为企业提供了更强大的数据处理和分析能力，使得各类数据资源能够被更好地整合、存储和管理。企业在数字化转型中通常会建立先进的数据库系统，以存储结构化数据、半结构化数据和非结构化数据。这种整合性的数据存储方式为企业提供了一个全面了解业务运营状况的平台。

其次，数字化转型对人才和组织结构提出了新的要求。行业数字化的趋势促使企业加强对数字化人才的培养和引进，以适应新的技术和工作方式。数字化转型通常伴随着组织结构的变革，企业需要建立更加扁平、灵活和创新的组织文化，以适应数字化时代要求。

2. 技术先进性的影响

技术先进性是企业商业模式数字化转型的驱动力。采用大数据技术的企业更容易实现对庞大数据集的高效处理和深度分析，为企业提供了更全面的信息基础。

技术先进性的影响表现在行业内数字化升级的推动上。采用大数据技术的企业往往成为行业内的先行者，引领数字化、智能化潮流。这种领先地位不仅体现在技术应用上，还包括组织结构、运营模式等方面的创新。这样的数字化先行者在行业内产生示范效应，推动其他企业也采用先进技术，促使整个行业向着数字化升级的方向发展。技术先进性的影响还体现在企业竞争力的提升上。数字化转型使企业更具敏捷性、灵活性，更快速地适应市场变化。

技术先进性的影响还表现在企业创新能力的提升上。采用大数据技术的企业更容易进行创新性实验和试验，通过对数据的不断分析和挖掘，发现新的商业模式、产品和服务。数字化转型带来的创新使得企业更具活力，更好地适应快速变化的市场环境。

（二）行业竞争者的崛起

首先，新兴科技公司在数字化时代具有更灵活的组织结构，这为实现创新提供了机会。这种灵活性源于这些公司相对较小的规模和相对扁平的组织结构，使得决策更迅速，创新的执行更高效。相较于传统大型企业，新兴科技公司更容易打破组织层级的束缚，鼓励团队成员提出新观点和创意，从而推动创新的发生。

其次，新兴科技公司在数字化时代采用先进技术，这为实现创新提供了技术基础。这些公司通常采用最新的信息技术、云计算、大数据分析等工具，这些先进技术能够帮助企业更好地理解市场需求、用户行为，并迅速响应变化。通过充分利用技术，新兴科技公司能够在短时间内推出具有颠覆性的产品或服务，对传统商业模式发起挑战。

再次，新兴科技公司更注重创业文化的培养，这有助于激发员工的创新潜能。这些公司通常建立了积极、开放的创业文化，鼓励员工提出新的想法，并容忍失败。这种文化有助于释放创新的力量，使得员工更愿意冒险尝试新的理念和方法创建新的商业模式，从而推动企业在市场上取得竞争优势。

最后，新兴科技公司更注重用户体验，这为颠覆传统行业提供了机会。这些公司通常更加注重用户需求和体验，通过深入了解用户行为和反馈，更好地满足用户的期望。这种用户中心的思维方式使得新兴科技公司能够更好地设计符合市场需求的产品和服务创建新的商业模式，从而在市场上取得竞争优势。

二、竞争对商业模式的影响

（一）价格战与差异化竞争

1. 大数据支持的智能定价

大数据的广泛应用为企业制定智能定价策略提供了全面的市场洞察。大数据分析可以深入挖掘市场数据，包括消费者行为、购买历史、竞争对手的定价策略等信息。通过对这些数据的综合分析，企业可以更准确地了解市场需求和竞争态势，为定价策略的制定提供科学依据。

在激烈的市场竞争中，定价往往是一种有效的竞争手段，大数据分析可以帮助企业实时监测竞争对手的价格调整，并对此快速做出反应。通过对市场价格敏感度的分析，企业可以灵活调整自身产品的价格，更好地适应市场的变化，避免盲目参与价格战，使企业实现差异化竞争。

大数据分析有助于企业找到独特的市场定位，避免陷入纯粹的价格竞争。通过深度挖掘消费者偏好和行为数据，企业可以了解不同群体对产品的不同价值认知。基于这些信息，企业可以制定差异化的产品定价策略，通过增加产品的附加值、品牌溢价避免价格竞争，确保企业在市场中有更独特的地位。

大数据的应用使得企业能够实现动态定价，更灵活地应对市场变化。通过对大量实时数据的监测和分析，企业可以及时了解市场需求和竞争动态，实现定价策略的动态调整。这种动态定价能够更准确地反映市场供需关系，帮助企业在不同市场状态下做出灵活决策，最大限度地优化收益。

2. 品牌建设与溢价策略

大数据支持企业进行品牌声誉管理。通过监测社交媒体、在线评论等渠道的数据，企业可以及时发现和解决消费者的负面反馈，提升品牌声誉。同时，正面的用户评价和口碑也能够通过大数据分析进行挖掘和传播，为品牌树立良好的形象。一个好的品牌声誉可以使企业在市场上建立差异化的竞争优势，从而更容易实现品牌的溢价销售。

大数据分析支持企业制定差异化的市场定位和品牌战略。通过对竞争对手、市场趋势等数据的分析，企业可以找到适合自身发展的差异化定位，从而在市场中形成独特的品牌形象。差异化的市场定位有助于企业摆脱价格竞争，实现品牌的溢价销售。

（二）供应链优化与成本控制

1. 数据驱动的供应链管理

首先，大数据分析在供应链可视化方面具有重要作用。通过对供应链各个节点的数据进行收集、整合和分析，企业能够实现对整个供应链的可视化监控。这种可视化使企业管理者能够实时了解物流、生产、库存等重要信息，快速做出决策，优化供应链运作。例如，通过对实时库存水平和销售趋势的监控，企业可以及时调整生产计划和库存策略，避免过剩或缺货的情况，提高供应链的响应速度。

其次，大数据分析在需求预测和计划方面发挥重要作用。通过对历史销售数据、市场趋势、季节性等因素的深入分析，企业可以更准确地预测产品需求。这种预测能力使企业能够更精确地实施库存管理和生产计划，降低库存成本，提高库存周转率。同时，通过实时更新需求预测模型，企业可以更及时地适应市场变化，避免因需求不确定性而导致的供应链问题。

再次，大数据在供应链风险管理方面具有独特价值。通过对供应链中各个环节的风险因素进行监测和分析，企业可以及早识别潜在的风险，制定相应的风险化解策略。这包括供应商的财务状况、自然灾害的可能影响、政策法规变化等因素。通过对这些数据的分析，企业可以建立更稳健的供应链体系，降低运营风险，确保供应链的稳定性。

最后，大数据分析在供应链协同与合作方面发挥积极作用。通过共享数据和信息，企业能够与供应链中的各个伙伴建立更紧密的合作关系。这种数据驱动的协同能力使得供应链中的信息流、物流和资金流更加畅通，提高整体效率。例如，企业可以与供应商实现实时信息共享，以便更好地匹配生产计划和订单，减少信息滞后带来的问题。此外，通过对供应链中各环节的性能数据进行分析，企业还能够识别潜在的协同优化点，进一步提高供应链的协同效能。

2.成本效益的提高

大数据在物流成本方面的应用不可忽视。通过对供应链各个环节的数据进行整合和分析,企业能够优化供应链管理,减少物流环节中的时间和资源浪费。智能化的库存管理、运输路径优化等手段有助于提高物流效率,降低物流成本,使企业在供应链上更具竞争力。

大数据分析为采购和供应链合作提供了更精细的指导。通过对供应商的绩效数据、质量数据等进行监测和分析,企业可以更好地选择合适的供应商,优化采购流程,降低采购成本。同时,通过实时监测市场变化和供应链中的风险,企业可以更灵活地调整采购策略,确保成本的最优化。

第四章

大数据时代商业模式创新的挑战与机遇

第一节　数据隐私与安全挑战

一、隐私保护问题

1. 隐私权法规的制定

随着大数据的广泛应用，个人隐私权保护成为全球范围内关注的焦点。在这一背景下，不同地区和国家纷纷制定了各具特色的隐私权法规。

欧洲的《通用数据保护条例》作为一项具有全球影响力的法规，于2018年生效，为欧洲居民提供了更严格的隐私保护。此条例要求企业对个人数据的处理过程进行透明披露，明确告知数据用途，并赋予用户更多对其个人数据的控制权。企业需要建立合规的数据管理机制，确保在数据处理过程中符合此条例的要求，否则企业将面临高额罚款。

《美国加州消费者隐私权法案》于2020年1月1日生效，为加州居民提供了更强大的个人隐私保护。此条例规定了企业必须遵循的隐私保护措施，包括用户权利的透明通知、数据披露请求的响应，以及用户选择退出数据销售的权利。企业需要调整其数据处理和共享实践，以确保遵守此条例的规定，否则企业将面临潜在的法律责任和罚款。

隐私权法规的制定涉及不同国家、地区法律体系的差异。在亚洲，各国纷纷制定或修订个人数据保护法规。例如，日本于2022年实施了修订后的《个人信息保护法》，强调企业应当建立合适的安全措施，保障用户个人信息的安全。企业需要了解并遵守各国法规，制定相应的隐私政策和合规措施。

面对不断演进的隐私权法规，企业需要投入更多的资源来理解和遵守这些法规。这包括对法规变化的敏感度，及时调整隐私政策和数据管理实践，以确保企业在全球范围内的合规性。因此，企业需要建立专门的法务和合规团队，持续关注法规的更新，并及时做出相应的调整。

2.用户知情权和透明度

用户知情权和透明度在当今数字时代的个人数据处理中尤为重要。随着用户对个人隐私的关切不断增加，企业需要在其商业模式创新中更加强调对用户知情权的尊重。知情权是指用户在使用某项服务或产品时，对其个人数据的收集、处理方式以及可能产生的影响有清晰的认知和了解的权利。这包括对数据采集目的、使用范围、存储期限等作出明确说明。

企业在数据处理过程中要保持对用户的公开透明，以确保用户能够全面了解数据的流向和使用情况。透明度不仅是在隐私政策文本中提供关于数据处理的详细信息，还包括通过易于理解的方式向用户传达这些信息，如采用图形化的界面或用户友好的语言。透明度的提高有助于建立用户信任，从而促进企业与用户之间更加健康和稳固的关系。用户有权选择是否同意其数据被收集和处理。

企业需要建立健全的数据治理和管理机制，确保隐私政策和数据处理方式的合规性。这包括建立专门的隐私团队，制定相关政策和流程，进行定期的风险评估，以及提供员工培训等措施。通过这些措施，企业能够更好地遵循相关法规和标准，保障用户知情权和透明度的落实。

二、数据安全挑战

（一）数据泄露风险

数据泄露对企业的品牌形象会造成严重影响。在大数据时代，用户非常注重对于个人隐私的保护，企业一旦发生数据泄露事件，将被视为对用户隐私的不负责任。公众对于企业品牌的信任度将大幅下降，企业在市场上的声誉将会受到极大损害。一旦用户发现其个人信息被泄露，他们会失去对企业的信任，并选择终止与该企业的合作关系。用户流失不仅损害了企业当前的盈利能力，还影响未来的业务发展。尤其是在竞争激烈的市场中，失去用户会使企业难以与竞争对手保持竞争力。

数据泄露会导致法律责任和经济损失。随着各地对于数据隐私保护法规的不断完善，企业在数据泄露后将面临巨大的法律责任。用户的个人信息泄露后，企业需要承担相应的法律责任和赔偿责任。除此之外，企业还会面临调查、罚款等法律制裁，对企业的财务状况产生严重的负面影响。

数据泄露事件会引发行业监管的强化。一旦企业发生数据泄露，相关监管机构会对其进行更加严格的监管，要求企业提高数据安全标准和措施，以确保类似事件不再发生。这种强化监管会增加企业的合规成本，并对其业务模式和运营方式产生深远影响。

为有效防范数据泄露带来的风险，企业需要建立健全的风险管理机制。这包括对敏感数据的分类和标识，建立权限管理系统，加强数据传输和存储的加密措施，以及制订应急响应计划。通过综合运用技术手段和管理手段，企业能够更好地应对潜在的数据泄漏风险。

（二）数据泄漏风险管理

1. 建立风险管理机制

首先，建立健全的风险管理机制对企业至关重要。在大数据时代，企业面临的数据泄露风险日益复杂，因此，企业需要通过系统性的风险管理机制来识别、评估和应对这些风险。这包括对敏感数据的全面分类和标识，以确保对重要数据的特别保护。通过对不同类别数据的管理，企业能更有针对性地采取相应的安全措施，提高数据的整体安全性。

其次，权限管理系统的建立是风险管理的重要组成部分。企业需要建立严格的权限控制机制，确保只有经过授权的人员能够访问和处理敏感数据。通过细致的权限分配，企业可以最大限度地降低内部滥用权限带来的风险，提升数据的保密性和完整性。这种权限管理系统需要定期检查和更新，以适应企业内部组织结构和人员变动的实际情况。

再次，加强数据传输和存储的加密措施是防范数据泄漏风险的有效手段。企业在数据传输和存储的过程中，采用强大的加密算法，确保数据在传输和存储中不容易被恶意截获或窃取。加密技术不仅能够有效防止外部攻击，还能提高内部数据处理的安全性，为企业建立坚实的数据安全防线。

最后，制订应急响应计划是风险管理的重要环节。尽管企业通过各种手段努力预防数据泄露，但一旦发生，及时、有效地应急响应至关重要。企业需要建立完备的应急响应团队，明确处理流程和责任分工，以最小化数据泄露事件对企业造成的损失。应急响应计划应经常进行演练和更新，以确保其在应急情况下的高效执行。

2. 应对黑客技术的威胁

随着黑客技术的不断进步，企业面临着日益复杂和高级的网络威胁。其中，零日漏洞攻击是一种尤为危险的攻击方式。零日漏洞是指软件或硬件中存在但尚未被厂商修复的漏洞，黑客通过发现和利用这些漏洞，实施未经授权的访问和攻击。企业需要通过加强漏洞管理和定期的安全漏洞扫描，及时发现并修复潜在的零日漏洞，从而降低黑客攻击的风险。

社会工程学手段也是黑客常用的攻击方式之一。社会工程学攻击是通过欺骗和诱导人员来获取敏感信息或越过安全系统的一种方式。黑客可能通过伪装成信任的实体、发送欺骗性的电子邮件等手段，诱导企业员工泄露账户信息、密码等重要信息。为防范这类攻击，企业需要加强员工的安全意识培训，确保员工能够警惕社会工程学攻击，并且建立强化的身份验证机制，降低未经授权访问的可能性。

恶意软件和病毒的使用也是黑客技术的威胁之一。黑客通过植入恶意软件、勒索软件等手段，对企业信息系统进行攻击。为应对这一威胁，企业需要建立全面的反病毒和反恶意软件系统，定期进行系统巡检和安全检测，确保及时发现并清除潜在的威胁。

对抗黑客技术威胁需要不断升级技术手段。企业需要投入更多资源研究和应用新的安全技术，包括但不限于人工智能、机器学习等，以便更加准确地检测和阻止潜在的黑客攻击。同时，定期进行渗透测试和演练，模拟真实攻击场景，发现和修复潜在的安全漏洞，提高系统的整体安全性。

总的来说，企业在面对黑客技术威胁时需要深刻认识当前形势，采取全面的安全措施，包括加强漏洞管理、提升员工安全意识、建立全面的反病毒系统以及不断升级技术手段，以维护企业信息系统的安全。

建立智能化的入侵检测系统也是企业建立信息安全体系的重要部分。随着黑客技术的不断演进，传统的入侵检测系统已经难以满足对安全性更高、响应速度更快的需求。引入人工智能和机器学习技术可以使入侵检测系统更具智能化，具备更强大的威胁检测和分析能力。

人工智能技术可以通过学习大量的网络流量数据，建立基于行为分析的模型。这种模型能够识别正常的网络活动模式，一旦发现异常行为，系统就能够及时报警或阻止潜在的攻击。例如，机器学习算法可以分析用户的登录模式、设备的访问行为等多维度数据，识别出异常的登录尝试或非法访问。智能化的入侵检测系统能够不断进行自我学习和优化。通过不断地更新模型和算法，系统能够适应新型威胁和攻击手法，提高检测的准确性和及时性。这种自适应性使得入侵检测系统更具弹性，能够更好地适应不断变化的威胁环境。智能入侵检测系统的部署可以实现实时监测和响应。传统的入侵检测系统存在延迟，导致攻击在被发现后已经造成了损害。而智能化系统能够在攻击发生的同时实时监测，及时采取防御措施，最大限度地减小潜在风险。

第二节 数据质量与整合挑战

一、数据质量

（一）数据准确性与数据清洗难题

1. 数据准确性的挑战

数据准确性的挑战主要源于数据的多样性和大规模。在大数据时代，企业从各种来源收集数据，包括传感器、社交媒体、在线交易等，这些数据具有不同的结构、格式和质量水平。其中，传感器数据受到设备误差或环境影响，社交媒体数据存在虚假信息和噪声。这使得企业在整合和分析数据时需要处理不同数据源之间的不一致性和不确定性。

传感器误差是导致数据准确性问题的一个重要原因。传感器在数据采集过程中受到环境干扰、设备老化等因素的影响，导致数据产生偏差。例如，气象传感器在极端天气条件下会出现错误的温度或湿度读数，这对气象预测等领域的数据准确性提出了挑战。企业需要通过校准传感器、实施质量控制等手段来提高传感器数据的准确性。

设备故障也是数据准确性的一大难题。在生产和制造领域，企业依赖各种设备和机器进行数据采集。设备因为技术故障、缺乏维护或不当使用而出现故障，导致采集的数据不准确。为应对这一问题，企业需要建立健全的设备检测和维护机制，及时检测和修复潜在的设备问题。

数据传输过程中也会发生错误，影响数据的完整性和准确性。在大规模数据传输中，尤其是跨越多个网络节点或涉及异构系统的情况下，数据包丢失、重复或损坏的可能性增大。企业需要采用可靠的数据传输协议、建立冗余和错误检测机制，以确保数据在传输过程中的准确性。

2. 数据清洗

数据清洗的复杂性在于大数据的规模庞大。随着企业从各个渠道收集海量数据，数据集的规模迅速扩大。这使得在清洗过程中需要处理的数据量成倍增加，增加了清洗任务的难度。传统的数据清洗工具和方法无法满足大规模数据的需求，因此，企业需要借助先进的数据清洗技术，如分布式计算和并行处理，以提高清洗效率。

大数据的复杂性还表现在数据的多样性和异构性上。企业收集的数据来自不同的途径、采用不同的格式和结构；不同数据之间存在差异，包括字段名称、单位标准等。在进行数据清洗时，需要消除这些异构性，确保数据在清洗后能够被有效整合和分析。这需要采用智能化的清洗工具和算法，能够识别和调整异构数据的差异，使其具备一致性。

数据的质量问题提高了数据清洗的复杂性。大数据中常常存在各种质量问题，包括缺失值、异常值、重复值等。在进行清洗时，需要通过数据质量评估和监控来发现这些问题，并进行有效处理。例如，对于缺失值，可以采用插值或删除等方法进行处理；对于异常值，可以通过统计学方法或机器学习算法进行识别和修复。这使得数据清洗过程更为烦琐，需要采用多样化的技术手段来解决不同类型的质量问题。

数据清洗的复杂性还在于需要保持数据的一致性和准确性。在清洗过程中，涉及数据的转换、合并等操作，这会引发新的错误或不一致性。因此，企业在进行清洗时需要建立严格的清洗流程和规范，确保数据在清洗后仍然具备高质量。

（二）数据一致性与标准化

1. 数据一致性问题

数据一致性问题的是企业内部存在多个独立的业务系统导致的，它们由不同的供应商提供、采用不同的数据库技术或数据存储格式。这种异构性使得数据在不同系统之间难以实现同步。因此，为解决这一问题，企业需要进行全面的系统集成，确保不同系统之间能够实现数据的无缝对接和同步更新。

企业可以采用主数据管理（MDM）的方法来解决数据一致性问题。MDM是一种集中管理企业核心数据的策略，通过建立单一的、可信的数据版本，确保所有系统都使用相同的数据。通过定义并维护一致性的数据模型和数据词汇表，

MDM能够消除不同系统之间的数据定义差异，从而提高数据的一致性。

制定数据治理策略也是解决数据一致性问题的重要环节。数据治理是一套组织、流程和技术的框架，用于确保数据的质量、安全和一致性。通过建立数据所有权、定义数据标准和规范、设立数据质量监控等机制，企业可以更好地管理和维护数据一致性。

技术手段也是解决数据一致性问题的重要途径。企业可以引入实时数据同步技术，确保不同系统中的数据能够及时同步。此外，采用事务处理和分布式数据库等技术，可以提高数据操作的原子性和一致性，减少数据冲突和不一致的可能性。

2. 数据标准化的需求

数据标准化的需求源于企业内部存在多样化的数据来源和数据格式。各个部门或业务系统采用不同的数据格式、字段定义和命名规范，导致数据在整个企业中的异构性。为解决这一问题，企业需要制定一套数据标准化的规范，确保不同部门和系统能够按照相同的标准组织和管理数据。数据标准化有助于提高数据的一致性和可比性。通过定义统一的数据格式，企业可以确保相同类型的数据在各个业务过程中都得到一致的呈现方式。这样，不同部门和团队在进行数据分析和决策时就能基于相同的数据标准，消除数据解读的歧义，提高决策的准确性。

数据标准化对于实现跨系统的数据集成和共享至关重要。当企业内部的各个系统都按照相同的标准组织数据时，数据集成变得更加简便，不同系统之间的数据交流和共享变得更加高效。这有助于构建统一的数据视图，为企业提供更全面、一致的信息基础。

数据标准化也是支持新技术应用的前提。在人工智能、机器学习等领域，一致的数据标准是训练模型和算法的基础。通过数据标准化，企业能够更好地利用先进技术，实现对数据的深度分析和挖掘，为商业模式的创新提供更有力的支持。

在实施数据标准化的过程中，企业一是明确数据标准化的目标和范围，包括数据格式、字段定义、命名规范等。二是，建立数据管理团队负责标准的制定和维护，确保标准的及时更新。三是，通过培训和沟通活动，向员工宣传和普及数据标准，提高大家对标准化的认知执行力。

二、数据整合难题

（一）多源数据整合

1. 内部数据整合

企业内部数据整合是商业模式创新中的重要一环。随着企业的不断发展，不同部门和业务系统积累了大量的数据，这些数据以不同的格式、结构和标准存在。因此，企业的首要任务是建立一套统一的数据整合策略，以确保各个部门的数据能够协同工作，形成一致的整体数据视图。

为了实现内部数据的整合，企业需要采用先进的数据整合技术，这涉及数据清洗、数据转换、数据映射等。通过使用 ETL 工具或数据集成平台，企业能够更有效地整合来自不同来源的数据，将其统一到一个集中式的数据仓库或数据湖中。

数据整合的过程需要明确数据质量标准和数据治理策略。确保数据的准确性、完整性和一致性是至关重要的。企业可以制定数据质量管理流程，包括数据质量检查、异常处理和数据质量监控等环节，以提高数据质量。

为了促进更好地协同工作，企业还可以考虑建立数据所有权和访问权限的框架。通过明确数据的责任人和访问权限，可以确保数据在整合过程中得到妥善管理，同时避免潜在的数据安全问题。

定期的培训和沟通活动对于确保员工对整合后的数据有正确的理解和使用至关重要。企业可以组织培训课程，帮助员工熟悉数据整合的流程、工具和标准，提高整个组织对数据整合的认知和接受度。

2. 外部数据整合

外部数据整合是商业模式创新中一个至关重要的方面。随着企业越来越关注市场趋势、竞争动态以及客户行为，整合来自外部的数据变得不可或缺。首要任务是建立一个灵活而高效的外部数据整合机制，以确保企业能够及时获取并利用最新的外部信息。其中，第三方数据整合是商业模式创新中不可忽视的一环。随着企业对外部信息的需求不断增加，借助第三方数据服务成为一种常见做法。然而，不同第三方数据提供商之间存在数据格式和质量的差异，因此，企业在整合第三方数据时需要采取有效措施，确保这些外部数据与内部数据能够协同工作，形成一体化的信息基础。

为了实现外部数据的整合，企业需要建立与外部数据提供方的有效沟通和合作机制。这涉及与数据供应商的合同谈判、数据格式标准的制定以及数据接口的统一规划。通过与外部合作伙伴保持紧密联系，企业可以更好地理解外部数据的特点和变化，从而更好地应对市场挑战。

外部数据的整合需要考虑数据的质量和可信度。企业在整合外部数据时，应当对数据进行验证和筛选，以确保其准确性和可靠性。建立数据质量监控机制，及时发现和解决外部数据的质量问题，是确保整合数据有效性的重要一环。为了处理第三方数据整合的问题，企业需要建立统一的数据标准和规范，以适应不同提供商的数据格式。制定统一的数据标准能够降低整合的复杂性，使得来自不同第三方的数据能够更加流畅地与内部数据进行交互。这需要企业与第三方数据提供商进行有效的沟通和协商，以确保数据整合过程中能够保持数据的一致性和准确性。

为了更好地利用外部数据，企业还可以探索先进的数据整合技术，如数据虚拟化、API集成等。这些技术能够帮助企业更灵活地访问和整合外部数据，提高数据整合的效率和时效性。

企业还需关注数据隐私和安全问题。在整合外部数据的过程中，企业需要确保符合相关法规和法律，同时采取有效措施保障外部数据的安全性，防止数据泄露和滥用。

（二）跨平台数据整合

跨平台数据整合是商业模式创新中不可忽视的挑战。企业在不同的业务平台上运营，这些平台由不同的供应商提供，因而存在各异的数据格式和接口。这种情境下，实现跨平台数据整合需要企业采取一系列有效的措施。为了解决跨平台数据整合问题，企业需要建立灵活而通用的数据标准。这涉及统一数据的格式、字段定义和命名规范，以确保各个业务平台的数据能够进行有序整合。制定和遵循这样的数据标准可以降低整合过程的复杂性，提高数据流通效率。数据流通性的保障是商业模式创新中至关重要的一环。有效的数据整合策略需要考虑多方面因素，确保数据在不同平台之间的传输安全、快速且稳定。

为确保数据传输的安全性，企业需要采取强化的加密手段。通过对数据进行端到端的加密，可以有效降低数据在传输过程中被窃取或篡改的风险。采用先进的加密算法和技术，保障数据在整个传输链路中的保密性，尤其是对于敏感信息的处理更加重要。实时性是数据流通性的另一个重要因素。商业模式创新通常要求对实时数据进行快速响应，因此确保数据的实时传输至关重要。采用高效的实时传输协议和技术，如消息队列、流式处理等，能够实现数据在不同平台之间的快速同步，保障实时性需求。

企业还需建立完备的错误处理和容错机制。数据在传输过程中会遇到网络中断、传输错误等问题，因此需要预留足够的冗余和容错机制，确保即便在异常情况下，数据传输也能够继续进行或者及时地恢复。

此外，为了保证数据整合策略的有效性，企业需要进行全面的性能测试。通过模拟不同情况下的数据传输，检测系统在高负载、不同网络环境等情况下的性能表现，以保证整合策略在各种条件下都能够可靠地运行。

第三节　人才与文化挑战

一、人才短缺与培养

（一）招聘难度高

1. 领域扩展导致需求增长

随着大数据应用领域的不断扩展，包括金融、医疗、零售等各行各业，对数据科学家和分析师的需求迅速增长。这一需求的激增主要源于企业意识到数据分析对业务决策的重要作用。

2. 高端人才供给相对不足

考虑到这类人才需要具备高度的专业性和技术水平，与市场需求相比，高端数据科学家和分析师的供给相对较少。这一不平衡状态导致企业在寻找和招聘这类人才时存在一定难度。

3. 竞争激烈导致薪酬上涨

由于市场上这类人才的稀缺，企业之间展开了激烈的竞争。为了吸引和留住高端人才，企业不得不提高薪酬和福利待遇，从而增加了人才成本。为了在激烈的竞争中脱颖而出，企业需要制定更具吸引力的薪酬和福利政策。这包括高薪资、股权激励计划、灵活的工作安排等，以提高企业在招聘市场的竞争力。

4. 专业性导致招聘难度

数据科学家和分析师的工作需要深厚的专业知识，企业在招聘过程中难以找到具备所需技能的人才。这使得招聘变得复杂且需要更精准的评估机制。

5. 校企合作与国际人才引进

为了减小招聘难度，企业可以积极开展校企合作，与高校建立联系，提供实习和培训机会。同时，引进国际人才也是一种解决短缺问题的方式，可以通过国际化招聘或合作项目引入更多高端人才。

6. 跨学科能力的需求

企业在招聘和培养人才时需要拓宽视野，注重不同学科背景的人才。除了传统的计算机科学专业，数学、统计学等领域的专业人才也应受到关注。为了更好地应对市场需求，企业还可以促进内部跨学科的交流和合作。这有助于打破学科壁垒，促进不同专业人才之间的协同工作，提高整体创新能力。

（二）组织内部培训

1. 内部培训机制的建立

（1）成立专门的培训部门

为了确保内部培训的专业性和系统性，企业可以考虑成立专门的培训部门。该部门可以由具有丰富经验的培训专家组成，负责制订培训计划、教材编写、培训资源管理等工作。

（2）制订针对不同层次员工的培训计划

不同层次的员工对大数据技能的需求和水平存在差异。因此，企业的培训计划应该根据员工的职业级别、技能水平等因素进行差异化设计，以实现个性化培训。

（3）开发在线学习平台

在大数据时代，企业可以通过开发在线学习平台，为员工提供随时随地的学习资源。这包括在线课程、视频教程、虚拟实验室等，以满足员工灵活学习的需求。

2. 员工技能评估与发展计划

（1）定期评估员工技能

通过定期的员工技能评估，企业可以全面了解员工在大数据领域的掌握程度和专业能力。评估结果可以作为调整培训计划和个性化发展计划的依据。

（2）制订个性化发展计划

基于员工技能评估的结果，企业可以制订个性化的发展计划。这包括为员工提供专业领域的深化培训、参与实际项目经验等，以推动员工在大数据领域的专业成长。

（3）提高员工满意度

通过关注员工的个体需求并提供相应的发展机会，企业可以提高员工满意度，增强员工对企业的忠诚度，从而提高整个团队的稳定性和凝聚力。

3. 知识分享与团队协作

（1）建立知识分享的文化

企业可以倡导知识分享的文化，通过定期的内部研讨会、分享会等形式，鼓励员工主动分享自己在大数据应用中的学习和实践经验，促进团队内部的知识共享。

（2）鼓励团队协作

大数据项目通常需要团队协作来取得更好的效果。企业可以通过设立团队项目、奖励制度等方式，促进团队成员之间的协作，提高整个团队的综合能力。

（3）提高整体业务水平

通过知识分享和团队协作，企业可以不断提高整体业务水平。知识和经验通过成员共享可以在团队内部快速传播，使得整个团队更具竞争力，能够更好地应对大数据时代的挑战。

二、企业文化适应性

（一）数据驱动文化的建立

1. 领导层的角色与责任

（1）树立榜样

领导层在建立数据驱动文化中扮演关键角色，需要以身作则，成为数据应用的榜样。通过积极参与数据培训、亲自使用数据分析工具，领导层可以向组织传达数据的价值和重要性。领导层需要鼓励员工将数据视为决策的重要依据，倡导数据优先的决策文化。通过强调数据的重要性，领导层能够促使员工更加主动地利用数据支持其工作决策。

（2）将数据融入决策和战略制定

数据应用不仅是一种工具，更是决策和战略制定的基础。领导层需要确保数据在重要决策中发挥作用，推动整个组织在战略方向上更加明晰、有据可依。

（3）积极参与培训计划

为了更好地理解数据科学和分析，领导层应积极参与培训计划。这不仅有助于他们更好地引导组织朝数据驱动方向发展，还能够增进领导层对新兴技术的理解。

2. 员工参与认可

（1）设立奖励机制

通过设立奖励机制，企业可以激励员工提出基于数据的建议。这有助于培养员工对数据的敏感性和主动性，推动数据驱动文化的形成。

（2）培训计划面向全员

数据驱动文化的建立需要整体组织的参与。企业应确保培训计划面向全员，不仅局限于特定岗位或层级，以提高整体组织对数据应用的广泛认知。

3. 透明度与沟通

（1）定期的数据分享会议

透明度是数据驱动文化的核心。企业可以定期举行数据分享会议，将最新的数据和分析结果分享给全体员工，使员工了解企业的经营状况和决策过程。

（2）内部报告的制作与分发

通过制作内部报告，并将其分发给相关人员，企业可以在组织内部建立更透明和开放的文化。这有助于提升组织内成员对数据应用的信任感。

（3）促使每个人理解数据的收集和分析过程

数据的收集和分析过程相对复杂，但企业可以通过培训和沟通，促使每个人对这一过程有清晰的认识。透明的工作流程有助于企业形成更开放和合作的文化氛围。

（二）风险管理文化

1. 风险教育与培训

（1）培训内容的设计与实施

风险教育的核心在于为员工提供全面的培训，包括风险的种类、评估方法、管理策略等知识。培训内容应该根据员工的实际工作需要进行设计，并通过多种方式，如在线课程、研讨会等途径实施。

（2）案例分析与模拟演练

通过真实案例的分析和模拟演练，员工可以更直观地了解风险管理的实际应用。企业可以借助虚拟场景和模拟工具，使员工在实践中学习如何应对各类风险。

（3）提升员工风险意识

风险教育不仅是传授知识，更应注重提升员工的风险意识。通过引导员工主动参与风险识别和评估的过程，培养其对潜在风险的敏感性。

2.迅速响应与调整

（1）建立敏捷决策流程

敏捷决策流程是风险承受文化的基础。企业需要建立快速响应风险的机制，确保在风险发生时，能够及时采取行动，减小潜在的不利影响。

（2）团队协作与协调

风险的应对通常需要整个团队的协作和协调。建立高效的团队沟通机制，促进各部门之间的信息共享，有助于快速响应和有效调整。

（3）定期评估和调整商业模式

风险承受文化要求企业能够在面临风险时迅速调整商业模式。定期对商业模式进行评估，及时识别并调整潜在的风险点，是保持组织灵活性和适应性的重要手段。

第四节　大数据时代商业模式创新带来的新机遇

一、提供个性化服务

（一）智能化定制产品

智能设计与生产是企业商业模式创新中的一项重要策略。随着科技的不断进步，企业可以借助先进的生产技术，通过分析数据推出智能化定制产品，实现更高水平的个性化服务。

实现智能设计与生产的前提是建立全面的数字化生产体系。企业需要将产品设计、工艺规划、原材料采购等环节数字化，以便实现更高程度的自动化。

此外，智能设计与生产涉及先进的设计和制造技术的应用。企业可以采用计算机辅助设计（CAD）和计算机辅助制造（CAM）等技术，通过数字化建模和虚拟仿真来优化产品设计和生产流程，提高效率和质量。

在实施智能设计与生产的过程中，数据分析发挥了重要作用。通过对大量的生产数据进行分析，企业能够识别潜在的优化点、优化生产计划、提高生产效率，并及时调整产品设计以满足市场需求的变化。

智能制造还包括物联网（IoT）技术的应用。通过在生产设备和产品中嵌入传感器，企业可以对生产过程进行实时监测和控制，实现更精准的制造和质量控制。

（二）个性化推荐系统的优化

1.构建用户画像

首先，用户画像的构建是个性化推荐系统的重要基础。通过深度综合分析用户的多方面数据，企业能够更准确地理解用户的需求和兴趣，从而为其提供个性化的产品和服务。

其次，为构建准确的用户画像，企业需要整合多渠道的数据来源。线上线下购物行为、社交媒体互动、用户浏览历史等数据都是构建用户画像的重要信息。通过整合这些多源数据，企业能够获取更全面、立体的用户信息，从而更好地洞察用户的喜好和行为模式。

再次，构建用户画像需要关注数据的质量和准确性。确保收集的数据真实可靠，避免因为数据不准确而导致用户画像失真。采用先进的数据清洗和验证技术，保证构建的用户画像是基于高质量数据的。此外，个性化推荐系统还需要考虑用户画像的时效性。用户的兴趣和需求随时间的推移而不断变化，因此需要建立动态更新的机制，及时更新用户画像，以反映用户最新的行为和偏好。

在整个用户画像构建的过程中，隐私保护是一个不可忽视的因素。企业在收集和处理用户数据时，必须遵循相关的隐私法规和政策，采取有效的措施保护用户隐私，确保用户数据的安全性和合规性。

最后，构建用户画像是一个持续迭代的过程。随着用户行为和市场环境的变化，企业需要不断优化用户画像的建设系统，引入先进的算法和技术，以保持个性化推荐系统的高效和准确。

2.算法模型的不断优化

算法模型的不断优化是个性化推荐系统保持高准确性的基础。通过引入机器学习和深度学习技术，企业能够实现对推荐算法的智能化调整，使其能够更好地适应用户行为的变化。

机器学习技术的引入是优化算法模型的重要一步。通过对大量用户数据进行训练，机器学习算法能够不断学习和优化推荐模型，使其更准确地捕捉用户的兴趣和需求。例如，采用协同过滤、内容过滤等技术，系统可以根据用户的历史行为和偏好向其推荐相似用户喜欢的商品或内容。

深度学习技术的应用可以进一步提升推荐算法的性能。深度学习模型能够处理更复杂的数据结构和关联，提高对用户行为的理解和预测能力。通过深度学习的方法，系统可以更细致地挖掘用户的潜在兴趣，实现更细粒度的个性化推荐。推荐算法的优化还需要考虑实时性和可解释性。随着用户行为的实时变化，推荐系统需要及时调整算法模型，以保持推荐结果的准确性。同时，为了提高用户对推荐结果的信任度，算法的工作原理也应具有可解释性，让用户能够理解为何会看到某些推荐内容。

在不断优化算法模型的过程中，企业需要建立有效的反馈机制，收集用户的实时反馈信息。用户的点击、购买、喜好等数据可以用于训练模型，帮助系统更好地理解用户的个性化需求，从而提高推荐准确性。随着用户行为和市场环境的变化，企业需要持续关注新的技术趋势和算法模型，以确保个性化推荐系统在商业模式创新中的持续成功。

3. 个性化推送

个性化推送策略需要考虑多平台一致性。在不同的平台上，用户接触的信息和推荐内容存在差异，为了提升用户体验和品牌一致性，企业需要确保在各个渠道上向用户传递的推送信息是一致的。这需要建立跨渠道的推送标准和协同机制，以确保用户在不同平台上能够获得相关、一致的推荐内容。

个性化推送系统优化需要结合实时的用户体验。推送系统需要及时地响应用户的变化。同时，为了提升用户体验，推送内容的个性化程度也要在保证实时性的前提下进行权衡，避免过于频繁或不相关的推送对用户造成干扰。

（三）数据驱动的用户服务体验升级与品牌建设

1. 用户体验升级

首先，全渠道用户数据的整合是商业模式创新中的重要一环。通过整合线上线下的数据，企业能够更全面地了解用户在不同渠道上的行为和偏好，形成更准确的用户画像。这一综合性的用户画像成为实现全渠道一致性体验的基础，为企业提供深入洞察用户需求的机会。

其次，全渠道用户体验的升级要考虑跨平台和跨设备的问题。用户通过多个平台和多种设备进行交互，企业需要确保用户在不同平台和设备上都能够获得一致的体验。这就需要企业建立响应式设计和跨平台应用的能力,以适应不同终端的需求,提供无缝的用户体验。

最后,全渠道用户体验的升级需要加强数据安全和隐私保护。由于涉及用户在不同渠道上传递的个人信息和数据,企业需要建立健全的数据安全机制,保护用户的隐私权。合规性的考虑也需要被纳入整合策略,以确保企业在提供全渠道服务的同时遵循相关法规和标准。

2.实时反馈与服务调整

首先,实时反馈与服务调整的过程中,企业需要建立高效的数据监测系统。通过引入先进的监测技术,企业能够实时监控用户在产品使用、购物过程中的行为数据。这包括用户点击、浏览时长、交易记录等多维度数据,为企业提供全面的用户行为洞察。

其次,企业可以借助机器学习和数据挖掘技术对实时数据进行分析。通过建立预测模型,企业能够更准确地预测用户行为趋势和需求变化,从而及时做出相应调整。这种数据驱动的智能分析有助于企业更精细地了解客户,提前洞察市场动态。

再次,企业需要建立响应迅速的服务机制。在获取实时反馈的基础上,企业应当建立快速的服务调整机制,包括售后服务、产品改进等。通过迅速响应用户反馈,企业能够提高用户满意度,树立更积极的品牌形象。

最后,实时反馈与服务调整需要将数据驱动的决策融入企业文化。这需要培养数据敏感性的团队,推动数据在企业决策中的广泛应用。建立跨部门的数据共享机制,促进信息流通,有助于加速实时反馈的传递和服务调整的执行。

3.品牌形象的数据建构

品牌形象的建构需要深入分析社交媒体上用户的互动数据。企业可以利用自然语言处理技术对社交媒体上的文本数据进行情感分析。通过识别评论中的情感色彩,企业可以了解用户对品牌的情感倾向,包括喜爱、厌恶、满意等。这种情感分析有助于捕捉用户的真实感受,指导企业调整品牌形象,以更好地满足用户情感需求。

二、数字化产品创新

(一)智能家居

数据应用在智能家电的产品功能优化方面发挥重要作用。通过收集用户使用习惯和行为数据，企业能够深入了解用户对智能家电的实际需求。这种数据收集包括但不限于用户设定的温度、使用频率、特定时段的操作偏好等。通过对这些数据的深度分析，企业可以调整产品的功能设置，使之更贴合用户的生活习惯，提高产品的实用性和用户满意度。

大数据的应用使得智能家电能够实现定制化服务。通过对用户的使用数据进行智能分析，企业可以为每位用户定制个性化的服务方案。以智能空调为例，系统可以根据用户的习惯，自动设定最适合用户的温度和湿度，提供更智能、贴心的服务。这种个性化服务不仅提高了用户体验，还增强了用户对品牌的忠诚度。

数据应用还有助于智能家电产品的升级迭代。通过分析大量用户数据，企业可以及时了解产品存在的问题和用户反馈，进而调整产品设计和功能，推出更符合市场需求的新版本。这种及时的升级迭代机制可以保持产品的竞争力，促使企业在市场中保持领先地位。

例如，智能家居产品可以整合用户的用电习惯等数据，为用户提供更加智能的能源管理服务。通过智能电表、插座等设备的数据采集，系统可以分析用户各种电器设备的使用频率、能源消耗情况等。这使得商业模式创新中产品创新可以围绕节能减排、电费优化等方向提供个性化建议。例如，在用户高峰用电时段，系统可以推荐优化用电计划，提高能源利用效率，降低用户用电成本，实现智能能源管理。

智能安防系统通过大数据分析实现了入侵检测的智能化。这一系统通过传感器、摄像头等设备收集家庭内的各类数据，包括人员活动、门窗状态等。通过对这些数据的深度分析，系统能够智能判断是否存在潜在的入侵威胁。例如，当系统检测到在异常时间有人靠近家庭入口时，可以通过智能算法判断是否存在潜在的入侵风险，从而实现对家庭安全的及时响应。

视频监控的大数据分析为智能安防系统提供了更全面的安全防护。通过对视频监控数据的深度分析，系统可以识别家庭成员、访客或陌生人，并根据预设规则判断是否存在异常行为。例如，在用户通常不在家的时段，系统可以提高安全警戒级别，强化安全防护；而在用户在家的时候，则可以通过智能识别技术减少误报，提供更舒适的使用体验。这种智能化的视频监控不仅可以提供实时的安全状态，还能通过学习算法不断优化对异常事件的识别，降低误报率，提高系统的可靠性和智能化水平。

随着智能家居的发展，智能安防系统的大数据分析还可以与其他智能设备进行深度整合，实现更智能、高效的联动服务。例如，当智能安防系统检测到异常情况时，可以与智能家居设备协同工作，如自动启动紧急通知、调整照明亮度等，全方位提升家庭安全保障水平。

（二）虚拟现实（VR）与增强现实（AR）应用

通过大数据技术可以深入分析用户在虚拟空间的行为数据，实现对用户喜好和兴趣的深度了解。通过虚拟头显、手柄等设备采集用户在虚拟环境中的动作、视线方向等数据，系统可以建立用户的行为模型。通过监测用户的眼球运动、手势操作等数据，企业可以了解用户在虚拟环境中的行为模式，发现用户对不同界面元素的关注程度和操作习惯。这也为企业提供了针对性的设计优化建议，使得应用的界面更加直观、用户友好，从而提升整体用户体验。这也为企业提供了独特的商业机会，可以根据用户的虚拟行为数据，精准定位用户的个性化需求，为用户提供更加贴近实际体验的虚拟内容。

大数据分析可以在虚拟现实和增强现实应用中优化用户体验。通过对用户在虚拟空间的行为数据进行实时分析，系统可以动态调整虚拟场景的内容、互动方式等，以适应用户的个性化需求。例如，通过追踪用户在虚拟空间的注视点和行走路径，系统可以实现场景优化，使得用户感知到更流畅和自然的虚拟现实体验。大数据技术可以挖掘用户对虚拟体验的偏好，了解用户对不同场景、交互方式的反应，帮助企业精准制定虚拟现实和增强现实内容的创作策略。这有助于提高虚拟现实应用的吸引力，创造更具创新性和趣味性的虚拟体验。这为企业提供了提高用户黏性、提升用户满意度的商机。

通过分析用户行为数据，企业可以实现对虚拟现实和增强现实市场的精准定位。了解用户的行为模式和偏好有助于企业更好地了解市场需求，为产品开发、营销策略提供数据支持。大数据分析可以帮助企业洞察虚拟现实和增强现实市场的潜在机会和挑战，从而有针对性地制定商业模式创新策略，提高市场竞争力。

商业模式创新可以通过数据分析对虚拟现实和增强现实应用的界面和交互方式进行优化。

商业模式创新还体现在通过深度挖掘教育领域用户的需求，分析学生在虚拟教室中的学习行为、偏好和表现数据，企业可以为教育机构提供个性化的虚拟学习体验。例如，通过智能化的学习分析，系统可以根据学生的学科兴趣、学习速度等因素，定制不同的虚拟学习场景和教材，以提高学生的学习效果和兴趣。商业模式创新可以通过深度挖掘娱乐领域用户的需求，推出更富创意和沉浸感的虚拟现实和增强现实娱乐产品。通过分析用户在虚拟娱乐场景中的互动、游戏选择等数据，企业可以优化娱乐内容，提高用户的参与感和娱乐体验。例如，通过智能推荐系统，应用可以根据用户的兴趣和游戏习惯，推荐个性化的虚拟娱乐活动，提升用户的娱乐满意度。

企业可以通过深度挖掘其他领域用户的需求，推出创新和实用的虚拟现实和增强现实产品与服务，实现企业的商业模式创新。不同领域的用户需求差异巨大，通过大数据分析，企业可以更好地理解不同领域用户的特点和诉求，精准定位市场，推出更适应用户需求的产品和服务。

（三）数字化医疗与健康服务

全面健康数据的整合是数字化医疗服务的基础。通过数字化医疗平台，医疗机构能够将患者的病历信息、检查报告、用药记录等多维度的健康数据整合到一个统一的电子健康档案中。这种综合性的健康档案为医生提供了更完整的患者信息，有助于医生更全面地了解患者的健康状况。全面健康数据的整合为医生提供了更准确的患者健康画像。通过对患者的病历信息、用药记录、生理参数等数据进行综合分析，医生可以更准确地了解患者的疾病历史、治疗过程以及当前的健康状态。这种全面的患者健康画像有助于提高医生对患者的诊断准确性，为制定个性化治疗方案提供更可靠的依据。

全面健康数据的整合促进了个性化治疗方案的制定。通过数字化医疗平台的支持，医生可以综合考虑患者的个体差异、病史、用药情况等因素，为患者制定更加精准的治疗方案。这种个性化治疗方案考虑了患者的整体健康状况，避免了"一刀切"的通用治疗方法，提高了治疗效果和患者的满意度。全面健康数据的整合推动了数字化医疗服务的综合性发展。通过数字化医疗平台，患者可以方便地获取并管理自己的健康数据，促使患者更积极地参与到医疗过程中。这种患者参与式的医疗模式有助于建立更密切的医患关系，提高患者对医疗服务的信任感，形成良性的医疗生态系统。

1. 个性化健康建议

个性化健康建议是数字化医疗与健康服务领域的一项重要创新。通过大数据技术，企业可以收集用户的生理数据，包括血压、血糖、心率等多维度的健康指标。这些数据可以通过智能传感器、可穿戴设备等渠道实时监测用户健康状况，形成用户的个性化健康档案。这为企业提供了深入了解用户身体状况的基础，为企业提供个性化健康建议奠定了基础。

数字化医疗和健康服务通过分析用户的运动习惯、生活方式等数据，进一步细化了个性化健康建议的内容。企业可以利用大数据技术对用户的运动量、睡眠质量、饮食习惯等进行深入分析，了解用户的生活方式和行为习惯。这有助于企业为用户提供更精准的健康建议，如制订合理的运动计划、提供个性化的饮食建议，以促进用户的身体健康。

个性化健康建议的生成还需要结合用户的健康目标和特定需求。通过大数据分析用户对健康的关注点、目标设定等数据，企业可以更好地了解用户期望达到的健康状态和目标。这使得企业能够为用户制定更加符合其期望的个性化健康建议，提高服务的用户满意度。数字化医疗与健康服务的个性化创新还包括引入用户反馈数据，如用户对特定建议的采纳情况、身体情况参数的变化等，企业不断优化个性化健康建议的内容和方式。这形成了一个循环的过程，通过不断优化提供的健康建议，企业能够更好地满足用户的需求，提升健康服务的效果。

2.远程医疗服务的实现

远程医疗服务的实现依赖于建立健全的数字化医疗平台。通过大数据技术，医疗机构可以首先搭建一个包括患者、医生和其他医疗服务提供者的综合性平台。这个平台通过整合患者的健康数据、医学历史、诊断报告等信息，形成患者的电子健康档案，为医生提供全面的患者信息，从而支持远程医疗服务的实现。

远程医疗服务通过大数据技术实现了医生对患者健康数据的远程监测。医疗机构可以通过引入各类传感器、可穿戴设备等，实时监测患者的生理参数、运动状况、药物使用情况等。这些数据通过数字化医疗平台传输到医生端，医生可以随时了解患者的健康状况，及时发现异常情况，为患者提供个性化的医疗建议。

远程医疗服务通过大数据分析为医生提供决策支持。通过对患者大量的健康数据进行分析，医疗机构可以利用机器学习算法和人工智能技术，帮助医生更准确地诊断疾病、预测病情发展趋势，并制定更有效的治疗方案。这种数据驱动的决策支持有助于提高医疗服务质量和效率。

远程医疗服务通过大数据技术实现了医疗资源的更合理分配。通过数字化医疗平台，医生可以为患者提供在线咨询、远程诊断和治疗方案制定，减轻医院的实际负担。同时，患者也可以更加方便地获取医疗服务，不再受制于地理位置和交通条件。这有助于提高医疗资源的利用效率，使医疗服务更加普惠。

第五章

大数据时代商业模式创新的评估指标与方法

第一节 商业模式创新的评价体系建立

一、评价指标体系建立原则

（一）全面性原则

1. 战略定位的综合考量

评价体系包括对企业战略定位的全面考量，涉及市场定位、目标客户、竞争对手分析等因素，确保商业模式创新与企业整体战略一致。

2. 价值主张的多维度分析

对企业的价值主张进行多维度分析，包括产品特色、用户体验、品牌形象等，以确保商业模式创新能够有效传递和提升企业价值。

3. 收益模式的细致审视

评价体系应对企业的收益模式进行细致审视，包括定价策略、销售渠道、盈利能力等，确保商业模式创新在经济层面具有可持续性。

4. 资源配置的合理性评估

考察企业对资源的配置情况，包括人力资源、技术支持、合作伙伴等，以确保资源得到高效利用。

（二）可操作性原则

评价指标应具备可操作性，以便通过实际数据和信息进行测量和验证。选择能够通过数据量化的指标，如市场份额、销售额、用户满意度等，以确保评估的客观性和可操作性。

（三）适应性原则

评价体系应具备一定的适应性，以适应不同行业、企业规模和市场环境的特点。

1. 行业特性的差异化考虑

考虑评价体系在不同行业中的应用差异，确保其能够充分反映各行业的特殊要求和挑战。

2. 企业规模的灵活应用

评价体系应灵活应用于不同规模的企业，包括中小型企业和大型企业，以确保对企业规模的适应性。

3. 市场变化的应变机制

建立评价体系的应变机制，能够根据市场环境的变化进行调整和优化，确保其具备长期适应性。

二、商业模式创新评估指标

（一）创新程度

1. 技术创新

企业在大数据时代的技术创新需要关注技术迭代的能力，包括是否在行业内率先采用新技术和创新解决方案。技术创新不仅指采用先进技术，更要看企业是否能够在技术创新上保持持续投入和研发。在评估技术创新能力时，需要考察企业是否积极参与行业标准的制定，是否有自主知识产权的核心技术，以及是否与科研机构、高校等建立了紧密的合作关系。企业的技术创新直接影响其在市场竞争中的地位，因此，在大数据时代，保持对新兴技术的敏感性和领先地位至关重要。

技术集成是评估企业技术创新的一个重要方面。企业需要成功将新技术与现有业务模式相结合，实现技术应用的高度整合和流程优化。在评估技术集成的能力时，需要考察企业是否具备跨部门、跨系统的协同能力，以实现不同技术平台的有机衔接。技术集成还需要关注企业是否建设了灵活的技术基础设施，以适应业务变化和技术升级的需求。成功的技术集成可以使企业充分发挥各项技术的协同效应，提高整体运营效率，实现更好的业务结果。

2. 业务模式创新

首先，企业在大数据时代的业务模式创新需要关注新的价值主张。评估企业是否能够从消费者或用户的角度出发，提供全新的产品或服务，以满足更高层次的需求。这包括对产品或服务的功能、品质、体验等方面进行创新，使企业能够在市场中脱颖而出。新的价值主张不仅是产品或服务的创新，还涉及企业与用户之间的关系建设，通过个性化定制、情感化服务等方式提升用户体验。在评估新的价值主张时，需要考察企业是否深度了解用户需求，是否能够灵活应对市场变化，以及是否具备创新能力和敏感性。

其次，生态系统构建是业务模式创新的另一个重要方面。评估企业是否在产业链或价值链中建立新的生态系统，实现参与者之间的合作和共赢。大数据时代强调数据的共享和整合，企业可以通过与供应商、合作伙伴等建立更紧密的合作关系，共同参与一个生态系统，实现资源优化和效益最大化。生态系统构建还涉及开放平台建设，通过与第三方合作，引入更多创新元素。在评估生态系统构建时，需要考察企业是否具备整合资源的能力，是否能够建立互信合作的伙伴关系，以及是否有长期的战略眼光。

最后，渠道变革是业务模式创新的重要环节。评估企业是否通过外部合作或内部创新，开辟新的销售和分销渠道，实现更直接的用户接触。大数据时代提供了更多关于用户行为和喜好的数据，企业可以通过精准的定位和个性化推送，改变传统的销售渠道模式。渠道变革还涉及数字化转型，通过在线平台、社交媒体等方式与用户进行更紧密的互动。在评估渠道变革时，需要考察企业是否具备数字化能力，是否能够适应新兴的销售模式，以及是否有与用户直接互动的机制。

总体而言，业务模式创新是企业在大数据时代不可忽视的战略任务。通过新的价值主张、生态系统构建和渠道变革，企业能够更好地适应市场变化，提高创新效率，实现可持续发展。在评估业务模式创新时，须全面考察企业在这三个方面的表现，以确保创新的全面性和深度性。

（二）用户价值

1. 用户体验

个性化推荐是大数据技术在提升用户体验方面的重要应用。企业需要评估其是否能够充分利用大数据技术，根据用户的偏好和行为，实现个性化的商品推荐和定制服务。通过分析用户的历史购买记录、浏览行为、搜索习惯等多维度数据，企业可以精准地了解用户需求，从而提供符合其个性化喜好的产品和服务。这种个性化推荐不仅提高了用户购物的满意度，也促进了销售额的提升。

用户参与是构建优质用户体验的另一个重要因素。企业需要评估其是否建立了积极的用户反馈机制，以实现用户在产品和服务方面的参与和反馈。

2. 数据安全与隐私保护

首先，数据安全是企业在大数据应用中不可忽视的重要方面。企业需要评估其是否采取了充分的安全策略和技术手段，以保护用户数据免受未经授权的访问和滥用。这包括但不限于数据加密、身份认证、访问控制等措施，确保用户的敏感信息在整个数据处理和存储过程中得到有效保护。企业还应建立完善的数据安全管理体系及评估标准，定期进行安全漏洞扫描和风险评估，及时修复潜在的安全问题，确保数据安全性的持续维护。

其次，隐私保护是构建可信赖大数据应用的重要保障。企业需要评估其是否遵守相关隐私法规和行业标准，明确用户个人信息的收集和使用政策。这包括向用户明示数据收集目的、征得用户同意、匿名化处理敏感信息等实践。企业还需建立健全的隐私管理机制，提供用户隐私保护的选择权，允许用户随时查看、修改或删除其个人信息。通过建立透明、负责任的隐私保护体系，企业能够增强用户对其数据安全的信任感，避免因隐私问题引起的法律责任和声誉风险。

（三）收益增长

1. 新增收入来源

随着大数据时代的到来，企业在盈利模式和收入来源方面进行了创新企业应对商业模式创新带来的盈利增长进行评估，数据服务收入成为企业探索的一项重要战略。企业通过充分利用大数据分析和挖掘技术，向外部客户提供高质量的数据服务，这既包括数据的销售，也包括对数据的深度分析和咨询服务。通过这种方式，企业不仅能够获得直接的数据销售收入，还能为客户提供针对性的数据解读和战略建议，进一步提高其服务的附加值。

增值服务收入是企业在大数据时代另一条重要的盈利途径。企业不仅停留在对数据的分析和挖掘，还通过创新性的应用，为用户提供更丰富的增值服务。这包括定制化的数据应用软件、智能化的决策支持系统等。通过向用户提供这些增值服务，企业能够在服务的基础上进行收费，拓宽其收入来源。这种增值服务的提供不仅对企业自身具有战略价值，也能够满足用户对更多个性化、定制化服务的需求，实现双赢的局面。

2. 成本控制和效率提升

大数据应用为企业提供了重要的机会，通过降低成本和提高生产效率，实现业务的盈利增长。在生产领域，企业可以利用大数据分析和预测技术，优化生产计划和供应链管理。通过对大量数据的深度挖掘，企业能够更准确地预测市场需求，合理安排生产计划，减少库存积压和产能浪费，提高生产效率。通过大数据技术，企业还能够更好地了解原材料供应链，优化供应商选择，实现成本的降低。

运营效率的提升是企业在大数据时代关注的另一个重要方面。通过数据分析和自动化技术，企业能够在业务运营中实现更高效的流程。例如，在销售和市场营销领域，企业可以通过分析大数据来了解消费者行为，优化广告投放策略，提高销售转化率。在客户服务方面，企业可以利用大数据来实现更智能化的客户支持，提高问题解决的速度和质量，从而提升客户满意度。自动化技术的应用也能够减少人力成本，提高业务运营的效率。例如，通过自动化的流程和机器学习算法，企业可以实现对大量数据的快速处理和分析，减轻员工的工作负担，提高工作效率，企业应设置相应指标对此进行评估。

（四）技术应用

1. 数据采集与分析

对于企业而言，高效的数据采集是实现数据应用的重要一环。在评估企业的数据采集能力时，需要考察其在数据获取全程中是否能够确保数据的重要性和完整性。重要数据的获取意味着企业能够准确抓取与业务目标密切相关的信息，确保所采集的数据具有实际业务意义。完整数据的获取则要求企业能够全面收集所需的数据，防止信息的遗漏和失真。企业需要建立健全的数据采集和评估体系，利用先进的技术手段，确保数据能够及时、准确地被收集。

数据分析是大数据应用中的核心环节。评估企业的数据分析能力时，需要关注其是否能够灵活运用多种数据分析方法和算法，以提取数据中的有价值信息和深刻洞察。这包括对数据的探索性分析、统计分析、机器学习和深度学习等多种分析手段的熟练运用。

2. 技术集成与应用

企业在大数据时代需要进行系统集成，确保大数据平台与现有的企业系统和资源能够实现无缝集成。这需要企业具备高度的技术集成能力，能够将不同的技术平台、数据库、应用系统等进行有效整合，使它们能够协同工作，实现信息的流通和共享。在评估企业的技术集成能力时，需要考察企业是否建立了灵活、可扩展的集成架构，以适应不断变化的业务需求。关注企业是否采用了标准化的接口和协议，以降低集成复杂性，提高集成效率。

业务应用是大数据技术的最终价值所在。企业需要评估其是否能够有效地运用大数据技术解决实际业务问题，提升业务流程和决策效果。在评估企业的业务应用能力时，先关注企业是否深入理解自身业务需求，能够将大数据技术与业务场景充分结合。企业应该建设具有业务洞察力的数据分析团队，团队成员需要具备业务领域的专业知识，以更好地理解业务问题，并通过数据分析提供针对性的解决方案。

第二节 企业内部创新能力的评估

一、内部创新能力重要因素

（一）创新文化

1. 创新文化的概念

创新文化是指企业内部形成的一种鼓励和支持创新的文化氛围，涉及组织结构、管理理念、员工价值观等。这种文化助力于企业在不断变化的市场中保持竞争力，激发员工的创造力和创新激情。

2. 创新文化构建的重要指标

（1）创新团队比例

创新团队比例是评估企业创新文化的重要指标之一。这包括在企业内设立专门从事创新项目的团队所占的比例。在现代竞争激烈的商业环境中，拥有专注于研发的团队能够更加灵活应对市场的变化，为企业注入新的动力。

（2）创新活动频率

创新活动频率是反映企业创新活跃度的指标，包括创意大赛、创新工坊等。高频的创新活动不仅有助于挖掘潜在的创新者，也能够加速知识和经验的共享，推动创新文化的深入发展。通过定期的创新活动，企业能够及时发现并解决问题，从而保持在市场中的持续竞争力。

（二）人才队伍

1. 人才队伍的概念

人才队伍是指企业内部的员工群体，特指那些具备创新能力、适应性强、能够推动企业发展的员工。人才队伍的建设包括招聘、培养、留任等，对企业的创新能力和竞争力具有重要影响。

2. 人才队伍构建的重要指标

（1）创新岗位填补率

创新岗位填补率是评估企业招聘效果的重要指标，即创新岗位的填补速度。这一指标反映了企业对于创新人才的吸引力和招聘效率。高填补率意味着企业能够迅速招聘到合适的创新人才，提高团队整体的创新水平。

（2）员工创新能力培养

员工创新能力培养方面的评估包括员工参与创新项目的概率、创新培训的覆盖率以及员工创新成果的转化率等。通过有效的培训和提升，员工能够更好地适应变化，增强创新思维和问题解决能力。

二、创新能力评估方法

创新能力评估方法是指企业对自身创新活动进行系统评估的一套方法论，通过一系列指标和数据来全面了解和衡量企业的创新能力。这种方法有助于企业及时发现问题、调整战略，提高创新效益，从而保持竞争力。

（一）创新项目数量

1. 创新项目分类

根据创新项目的性质和领域，企业启动的创新项目可进行如下分类。

（1）产品创新项目

产品创新项目是企业在产品设计和开发方面启动的创新项目。这类项目涉及产品功能的改进、新产品的开发、材料和制造工艺的创新等。企业需要评估每个项目对产品线的贡献以及它们是否满足市场需求和客户期望。

可以考虑评估企业对产品创新的投入和产出，包括研发团队的规模、创新流程的效率、产品上市的速度等。对竞争对手的产品创新进行对比分析，以了解企业在行业中的地位和竞争优势。

（2）技术创新项目

技术创新项目是企业在技术研发和应用方面启动的创新项目。评估企业在技术领域的创新能力对于保持竞争力至关重要。这类项目包括新技术的研发、现有技术的改进以及技术在产品和服务中的应用等。

在评估技术创新项目时，企业可以关注研发团队的专业技能、研究设施的投资、技术合作伙伴关系的建立等因素。还可以审查专利申请和技术成果转化为商业产品的速度。

（3）市场创新项目

市场创新项目是企业在市场推广和销售策略方面启动的创新项目。评估企业在市场创新方面的投入和效果对于开拓新市场、提高品牌知名度至关重要。这类项目包括新的销售渠道、广告和营销活动、定价策略的创新等。

在评估市场创新项目时，企业可以关注市场份额的增长、市场反应的快慢、客户满意度的提升等指标。

2. 创新项目多样性

创新项目的多样性还体现在创新类型的丰富程度上。不同类型的创新包括产品创新、流程创新等。评估企业在这些创新类型上的投入和实施情况，可以揭示企业的创新战略方向和偏好。产品创新通常指开发新产品或改良现有产品，流程创新关注业务流程的优化和效率提升。通过全面评估这些创新类型，企业可以更好地整合资源，提高创新的综合效益。

在评估创新项目的多样性时，企业还应考虑创新项目之间的协同关系。不同领域和类型的创新项目之间存在互补性，协同实施有助于提高创新的整体效果。例如，产品创新需要与流程创新协同，以确保新产品的生产和供应链流程的有效支持。同时，新收入模型创新影响产品的定价策略和市场推广方式。因此，企业在制定创新战略时，需要全面考虑项目的协同效应，以实现更有力的创新推动。

（二）创新投入比例

1. 研发经费比例

首先，研发经费比例是评估企业在研发活动上的经费占总投资比例的重要指标。这一比例直接反映了企业在创新和技术领域的投入程度。企业在研发方面的投资决策需要基于企业的战略定位和行业特点进行科学合理的规划。高比例的研发经费表明企业高度重视技术创新和产品研发，有望在市场竞争中保持竞争优势。然而，需要注意的是，过高的研发经费比例会导致企业财务压力，因此企业需要在投入与产出之间寻求平衡。

其次，企业的研发预算应当综合考虑企业的发展战略、市场需求和技术创新方向。在制定研发预算时，企业需要充分考虑不同项目的优先级，确保投入能够最大化地促进创新和业务增长。同时，研发预算的分配也应该灵活，能够根据市场反馈和技术进展进行调整，以确保资源的最优配置。

2. 人力资源投入比例

首先，人力资源投入比例是评估企业在人力资源方面投入于创新活动的比例的重要指标。这一比例直接关系到企业在创新领域的实际动力和实施能力。企业的创新活动需要有足够的研发人员和创新团队来支持，而人力资源投入比例是衡量企业在这方面的重视程度的重要标志。较高的人力资源投入比例通常表明企业在人才招聘和培养方面有较大投入，致力于构建具有创新能力的团队。

其次，研发团队规模是人力资源投入比例的一个重要组成部分。评估研发团队的规模和结构包括研发人员的数量和专业背景。一个庞大、多样化的研发团队更有助于应对各种创新挑战。不仅要关注研发团队的总体规模，还需要关注团队中不同领域和专业的人才分布，以确保在各个方面都有足够的专业知识和经验。

（三）创新成果转化率

1. 项目商业化成功率

首先，项目商业化成功率是企业创新项目从研发阶段到商业化阶段的成功转化率，直接关系到企业创新活动的实际成果和市场应用。成功率的高低反映了企业在将创新转化为商业利益方面的能力和效率。

其次，商业化周期是评估创新项目从研发到商业化阶段所需的时间的重要指标。商业化周期的长短直接关系到企业能够迅速响应市场需求、抢占市场份额的速度。较短的商业化周期通常表明企业具有高效的商业化流程和灵活的市场适应能力。

2. 创新成果推广效果

首先，创新成果推广效果的评估涉及市场推广和竞争优势等因素。市场反应是其中的重要指标之一，通过评估创新产品或服务在市场上的反应，企业可以了解其受欢迎程度、市场份额的变化以及竞争态势。这可以通过市场调研、销售数据分析和竞争对手比较等手段来实施。企业应该关注市场的正面反应，如销售增长、市场份额提升，同时也要注意潜在的挑战和竞争对手的反应，以制定相应的市场战略。

其次，用户满意度是评估创新成果在用户接受方面的重要因素。通过调查用户对创新产品或服务的满意度和接受程度，企业可以了解用户体验和需求的变化，以及创新成果在满足用户期望方面的表现。这可以通过定期的用户调查、反馈收集和客户服务数据等方式来实现。企业应该注重用户的反馈，不仅关注整体的用户满意度,还要深入了解用户对具体功能、性能、服务质量等的评价,以指导后续的改进和优化工作。

总体而言,创新成果推广效果的评估需要全面考虑市场和用户两个主要维度。在市场方面,要关注市场份额、销售数据、竞争态势等因素;在用户方面,要注重用户满意度、接受程度和用户体验等指标。通过综合考虑这些因素,企业可以更全面地了解创新成果在市场推广和用户接受方面的实际效果,为未来的创新活动提供经验。

第三节 外部环境对商业模式创新的评估

一、外部环境因素分析

(一)市场竞争

1. 基本竞争格局评估

首先,竞争者数量在基本竞争格局评估中是重要考量因素。市场上存在的竞争者数量直接影响市场的竞争激烈程度。较多的竞争者通常意味着市场竞争激烈,企业需要在众多竞争者中脱颖而出才能取得市场份额。相反,竞争者较少会导致市场垄断或寡头垄断,企业在这样的市场环境中更容易取得竞争优势。通过综合评估竞争者数量,企业可以更好地制定适应市场竞争环境的商业模式创新策略。

其次,竞争者的企业规模是影响市场格局的重要因素之一。不同规模的企业在市场上拥有不同的资源和实力。大型企业通常拥有更多资金、技术和人才,具备更强的市场影响力。小型企业则更加灵活,能够更快地做出决策和应对市场变化。企业需要深入了解主要竞争者的企业规模和资金实力,有针对性地制订商业模式创新策略。在考虑与竞争者的竞争关系时,了解其规模对于选择合适的竞争策略至关重要。

最后,市场份额是评估竞争格局的关键指标之一。通过了解主要竞争者在市场上的份额分布情况,企业可以更好地定位自己在市场中的位置。高市场份额可能意味着企业在市场上具有较强的竞争地位,但也可能引起竞争者的关注。低市场份额的企业则需要通过创新和市场拓展来提高份额。细致分析市场份额的变化和竞争者之间的竞争关系,有助于企业找到合适的商业模式创新路径,提高在市场上的竞争力。

2. 竞争力评估

首先，产品或服务差异化是评估竞争者之间竞争力的重要因素。企业需要深入了解竞争者的产品或服务在功能、品质、创新等方面的特点和优势。通过比较分析，企业可以识别出自身产品或服务的差异化点，并在这些方面进行进一步创新。了解竞争者的产品或服务差异化水平有助于企业找到自身在市场中的定位，有针对性地制订商业模式创新战略。

其次，价格策略是影响市场份额和盈利能力的重要因素之一。通过评估竞争者的定价策略和市场的价格敏感度，企业可以更好地制定自己的价格战略。了解竞争者的价格水平和消费者对价格的反应有助于企业在制定价格时找到平衡点，既能保持盈利能力，又能满足市场需求。同时，通过创新价格策略，如差异化定价或捆绑销售，企业可以在竞争激烈的市场中脱颖而出。

最后，市场定位是企业在竞争中寻找战略立足点的重要因素。通过评估竞争者在市场中的定位和目标客户群体，企业可以更好地选择自己的市场细分和目标客户。了解竞争者的市场定位有助于企业确定自己的差异化战略，通过满足特定客户群体的需求来获取竞争优势。在制定商业模式创新策略时，对市场定位的深入分析能够为企业提供明确的发展方向和目标。

（二）法规政策

首先，行业监管是法规政策对商业模式创新的一个重要影响因素。企业需要深入评估所处行业的监管政策和法规，以了解在特定行业中创新所面临的限制和要求。不同行业有不同的合规标准和要求，了解并遵守这些规定是商业模式创新成功的前提。通过对行业监管的全面评估，企业可以在商业模式创新过程中规避潜在的法律风险，确保创新活动得以合法推进。

其次，知识产权包括专利、商标、著作权等，其保护在商业模式创新中尤为重要。了解法规的具体要求，积极申请和保护相关的知识产权，有助于企业确保创新成果不受侵权，提高商业模式的可持续竞争力。

再次，市场准入的法规和条件直接影响创新项目进入市场的门槛。企业需要对市场准入的法规和条件进行全面评估，了解进入市场所需的资质、审批流程和合规要求。了解市场准入的法规有助于企业制定合适的市场进入策略，避免在准入阶段遭遇不必要的困扰。同时，了解市场准入的法规也能帮助企业在创新项目初期阶段就考虑到相关合规问题，减少后期调整和成本。

最后，在法规政策评估中，企业应保持对法规变化的敏感性，随时关注行业和地区的法规更新。定期进行法规风险评估，确保商业模式创新的合法性和可持续性。通过与法律专业人士的合作，建立法务团队，积极参与相关政策制定过程，有助于企业更好地应对法规变化，确保商业模式创新在法规框架内得以顺利实施。

二、外部环境评估方法

（一）PESTEL 分析

1. 制度因素分析

首先，政府政策对商业模式创新影响深远。通过评估政府的支持政策和措施，企业可以了解在政府层面的创新动力和机会。政府的支持包括财政补贴、研发资助、税收优惠等。在政府鼓励创新的环境下，企业更有动力投入研发和创新活动，从而推动商业模式的创新。

其次，法律法规对商业模式创新同样至关重要。通过评估政府的法律法规，企业能够了解在特定法律环境下的创新机会和挑战。某些法规会对某些领域的商业模式创新提出明确的要求，如数据隐私法规、知识产权法规等。企业需要确保其创新活动是合法的，并符合法规的要求。同时，与政府的法规制定部门进行密切合作，可以在法规的制定过程中提出建议，影响法规的发展方向，为企业提供更有利的创新环境。

2. 经济因素分析

首先，宏观经济环境的评估对商业模式创新至关重要。通过评估宏观经济指标如 GDP 增长率、通货膨胀率等，企业可以了解创新的经济背景和环境。在经济增长期，企业更容易获得资金支持、市场机会增多，创新活动更有动力和机遇。相反，在经济衰退期，企业面临资金压力、市场不景气的挑战，需要更谨慎地进行商业模式创新。因此，企业需要时刻关注宏观经济环境的变化，灵活调整创新战略，以更好地适应经济的变化。

其次，消费趋势的评估是影响商业模式创新能否成功的重要因素。通过评估消费者行为和消费趋势的变化，企业可以更准确地了解创新产品或服务的市场需求。消费者的喜好、购买习惯、偏好等都会对商业模式的创新方向产生深远影响。例如，随着健康意识的提升，消费者对健康食品、健康生活方式的需求不断提高，这推动相关领域的商业模式创新。因此，企业需要通过市场调研、消费者洞察等手段，全面了解消费者的需求和趋势，以在创新中抓住市场机会。

3. 社会因素分析

首先，文化适应性在社会因素分析中占据重要位置。不同地域和文化背景对创新的接受程度存在显著差异。企业在进行商业模式创新时，需要深入了解目标市场的文化特点，以确保创新理念和产品能够被目标消费者接受。文化适应性不仅包括语言、习惯等因素，还涉及消费者的价值观念和审美观点。例如，在一些文化中，消费者对于环保、可持续性的关注更突出，这会影响产品设计和营销策略。因此，企业在评估社会文化因素时，需要进行深入的文化研究，确保商业模式创新与目标市场的文化契合。

其次，人口结构的变化对商业模式创新同样影响深远。随着人口结构的变化，不同年龄层、性别、职业群体等的需求也发生变化。企业需要根据目标市场的人口结构的演变调整创新策略，满足不同群体的需求。例如，在老龄化社会中，对于健康、养老等方面的创新需求更迫切。不同年龄层的消费者对于数字化、科技化的接受程度也不同，这将影响创新产品的设计和推广。因此，企业在评估社会因素时，需要密切关注人口结构的变化趋势，灵活调整商业模式创新的方向。

4. 技术因素分析

首先，技术发展趋势在技术因素分析中占据重要地位。企业需要深入评估技术的发展趋势，以了解技术对商业模式的驱动作用。例如，在人工智能、区块链、物联网等领域，技术不断创新和突破已经成为商业模式演变的推动力。企业需要紧密关注这些前沿技术的发展，以及它们如何改变行业格局和企业市场竞争。在评估技术发展趋势时，企业还应考虑技术的成熟度、可行性和潜在风险，以更准确地判断技术在商业模式创新中的应用前景。

其次，科研支持对商业模式创新同样至关重要。科研机构和创新生态系统的支持程度直接关系到企业在创新过程中能够获取的资源和机会。企业可以通过建立与科研机构的合作关系，参与行业研究联盟等方式，获取科研机构的支持和创新资源。

5. 生态环境因素分析

环境保护法律法规在环境因素分析中占有重要地位。企业需要全面评估环境法规对创新项目的约束和要求，以了解环境因素对商业模式的影响。随着社会对环保意识的提高，各国对企业的环境法规也在不断加强。在商业模式创新中，企业需要认真遵守相关法规，确保创新活动的合法性和可持续性。同时，企业还可以通过积极响应环保法规，将环保理念融入商业模式，以提升品牌形象和市场竞争力。因此，在评估环境法规时，企业需要关注不同国家和地区的法规要求，制定相应的合规策略，确保创新活动的可持续发展。

企业在评估可持续发展战略对创新的要求和机会时，需要考虑如何在商业模式中融入可持续性元素。可持续发展不仅关注环境，还包括社会责任和经济效益。在商业模式中强调可持续发展，有助于提高企业的社会声誉，满足消费者对可持续产品和服务的需求。企业可以通过优化资源利用、减小环境影响、推动社会公益等方式，实现可持续发展与商业模式创新的有机结合。

6.法律因素分析

涉及法律法规、合规要求等对企业的影响。

（二）竞争态势分析

评估竞争对手的定位、战略和资源配置，以了解其对商业模式创新的影响和威胁。

通过深入研究竞争对手在市场上的定位和市场份额，企业可以更好地了解其在整个产业生态中的地位。这包括评估竞争对手在不同市场细分领域的份额，以及其在全球范围内的市场渗透程度。通过这种方式，企业可以识别潜在的合作伙伴和市场盲点，制定更精准的商业模式创新战略。

在进行竞争对手分析时，应该采用多维度的方法，包括但不限于市场份额、品牌影响力、产品技术水平、供应链优势等方面。通过深入挖掘竞争对手的资源配置和核心能力，企业可以更全面地了解其在产业链中的角色和对商业模式创新的潜在威胁。

以上外部环境评估方法旨在帮助企业全面了解外部环境对商业模式创新的影响。通过 PESTEL 分析，企业可以评估政治、经济、社会、技术、环境和法律法规等方面的因素对商业模式创新的影响。竞争态势分析则帮助企业评估市场竞争的情况，了解竞争对手和供应链合作伙伴对创新活动的影响和风险。这些评估方法的应用将有助于企业制定创新策略和调整商业模式，以适应外部环境的变化和挑战。

第六章

大数据时代企业商业模式创新的管理策略

第一节 创新文化与组织架构优化

一、创新文化建设

(一)创新文化的重要性

在大数据时代,创新文化成为企业商业模式创新的推动力。创新文化不仅是企业文化的一种调整,更是对组织内部价值观念和行为规范的深刻重构。其特点体现在以下几个方面。

1. 创新驱动的核心

创新文化是企业创新驱动的核心,是推动企业持续发展和超越竞争对手的动力源泉。在大数据时代,企业需要不断寻求新的商业模式创新,以适应快速变化的市场需求和技术进步。

2. 鼓励员工创新思维

创新文化强调鼓励员工的创新思维。在大数据时代,对数据的深度挖掘和创新利用需要员工具备创新意识。企业通过激励机制和培训体系的构建,培养员工具备独立思考和创新解决问题的能力。

3. 容忍失败并从中学习

创新文化要求企业能够容忍失败,并从中学习。大数据时代的不确定性较大,尝试新的商业模式和创新方案伴随着风险。创新文化的建设能够使员工更加愿意冒险尝试,从失败中吸取经验教训,进而不断优化创新路径。

4. 激发组织内部的创造潜能

创新文化的构建激发组织内部的创造潜能。通过建立开放的沟通渠道和激励机制,鼓励员工跨部门合作和分享创新观点,促使组织内涌现出更多创新思维,推动企业不断向前发展。

（二）创新文化的构建步骤

构建创新文化需要通过明确的步骤来实现，确保其深入融入组织的日常运营中。

1. 设立创新目标

明确设立创新目标是创新文化构建的第一步。企业需要清晰界定创新的方向和目标，确定在大数据时代要达到的创新标准。这可以通过制定创新战略、设定创新指标等方式来实现。

（1）明确创新方向

设立创新目标时，企业需要明确创新的方向。这涵盖产品、服务、流程等方面，包括但不限于推陈出新的产品设计、提高服务效率的流程创新等。通过明确创新方向，企业更有针对性地推动创新文化建设。

（2）制定创新指标

为了衡量创新的成效，企业需要制定创新指标。这包括创新项目的成功率、新产品的市场占有率、员工的创新贡献等。通过设立创新指标，企业能够更加直观地了解创新成果，为创新文化建设提供明确的评估标准。

2. 激励机制设计

姚明明、吴晓波等（2014）在对我国几家企业的技术创新进行了探索性案例分析后，总结出企业的商业模式若是与技术创新相匹配可以对企业绩效产生积极影响。激励机制是创新文化建设的重要组成部分。通过设计有效的激励机制，可以激发员工的创新动力，增强组织的创新活力。

（1）奖励创新成果

设立奖励机制，及时回馈员工的创新成果。这包括奖金、晋升机会、荣誉证书等形式，以鼓励员工更加积极地参与创新活动。

（2）提供学习资源

创新文化的培养需要员工具备相应的知识和技能。企业可以通过提供培训、学习资源、参与创新项目的机会等方式，帮助员工不断提升创新能力。

（3）建立分享文化

创新需要多元化的思维和观点。通过建立分享文化，鼓励员工分享自己的创新经验、见解和失败教训，能够促使组织内部的知识共享。

3. 培训体系建设

培训体系的建设是创新文化构建的基础。通过系统的培训，企业可以为员工提供必要的知识和技能支持，使其更好地适应大数据时代的创新要求。

（1）技术培训

在大数据时代，技术是推动创新的重要一环。企业可以通过组织内外部的专业培训、引入专业技术人员进行内训等方式，为员工提供相关的技术培训，使其能够更好地理解和应用新兴的大数据技术。

（2）领导力培训

领导层在创新文化建设中发挥作用。为了更好地引领团队朝着创新方向发展，企业需要对领导层进行相应的培训，使其具备创新领导力，能够有效地推动创新文化的传播和实践。

（三）创新文化的测量和改进

对创新文化的测量是一个动态的过程，这涉及员工参与度、创新氛围、创新成果等评估。通过有效的测量体系，企业可以及时发现并解决创新文化建设中的问题，不断优化和改进。

1. 制定测量指标

（1）员工参与度

通过定期的员工调查和反馈机制，测量员工对创新活动的参与度。这包括员工提出创新建议的数量、参与创新项目的比例等指标，从而了解员工对创新文化的态度和参与程度。

（2）创新氛围

通过组织文化评估、团队氛围调查等方式，测量组织内部的创新氛围。这包括对开放沟通的评估、对团队协作的评价等，帮助企业了解创新文化在组织中的传播和接受程度。

2. 收集定期反馈

（1）定期员工反馈

设立定期的员工反馈机制，通过匿名调查、小组讨论等方式，收集员工对创新文化的真实感受和建议。这有助于发现潜在问题，及时调整和改进创新文化建设的策略。

（2）项目评估反馈

对创新项目进行定期评估，收集项目团队的反馈和经验总结。了解项目中的成功经验和失败原因，使后续的创新活动借鉴经验，吸取教训。

3. 制订改进计划

（1）问题分析与解决

通过分析员工反馈和测量数据，确定创新文化建设中存在的问题和瓶颈。制订相应的改进计划，明确解决方案和实施路径，以逐步优化创新文化。

（2）经验分享与推广

企业对于项目评估中发现的成功经验和创新实践可以通过内部分享会、培训课程等途径进行推广。通过分享优秀案例，激励更多团队成员参与到创新活动中，形成良性循环。

通过以上测量和改进步骤，企业可以建立一个不断优化的创新文化建设体系，确保创新文化不仅是口号，更能深入贯彻到组织的各个层面。

二、组织架构优化策略

（一）大数据时代的组织架构挑战

随着大数据技术的广泛应用，企业在组织架构上面临新的挑战。传统的垂直式组织结构无法满足大数据时代快速决策和创新的需求，因此，组织架构的优化显得尤为迫切。

1. 决策速度压力

大数据时代要求企业能够更快地做出决策，以适应市场的快速变化。传统组织结构中层级繁多、决策传递速度慢的问题将直接影响企业的竞争力。

2. 创新来源的多元化

大数据时代创新不再仅仅来自研发部门，而是源自不同业务部门、市场部门等领域。传统组织结构可能形成的信息孤岛，阻碍了不同部门之间创新的有效沟通与合作。

3. 创新周期的压缩

大数据时代，新技术、新模式层出不穷，创新周期大幅缩短。传统组织结构的刚性可能导致企业在快速变化的市场中无法灵活调整，错失创新机遇。

（二）扁平化管理与快速决策机制

在优化组织架构时，扁平化管理结构是大势所趋。通过降低层级，加快信息传递速度，企业可以更迅速地响应市场变化。同时，建立快速决策机制，使得企业内部创新的想法能够更迅速地转化为实际行动。

1. 扁平化管理的实施

（1）层级减少与职责明晰

通过减少层级，简化管理结构，实现组织的扁平化。每一层的管理者要承担更多责任，确保信息的迅速流通和决策的高效执行。

（2）团队自治与自我管理

推崇团队自治和自我管理，鼓励团队成员在不同层级间进行直接沟通，减少决策的传递层级，提高决策的迅速性和灵活性。

2. 快速决策机制的建立

（1）数据驱动的决策

建立数据驱动的决策机制，利用大数据技术分析市场信息、客户需求等，为决策提供科学依据，减少主观判断的干扰，提高决策的准确性。

（2）分权与委托

推行分权与委托，将更多决策权下放到更低层级的管理者和团队中。这样可以在保证整体目标一致性的同时，更加迅速地应对局部问题和机遇。

（三）跨部门协同与创新团队建设

组织架构的优化需要强调跨部门的协同与协作。建立跨职能的创新团队，将不同领域的专业知识集聚在一起，有助于在大数据时代下企业更好地进行商业模式创新。

1. 跨部门协同机制

（1）打破信息壁垒

通过采用先进的协同工具和平台，打破部门之间的信息壁垒，实现信息的共享和流通。这有助于加强不同部门之间的合作，提高组织整体的创新能力。

（2）定期跨部门沟通

建立定期的跨部门沟通机制，如召开跨部门会议、工作坊等，促进各部门之间的理解和沟通。通过分享项目经验、解决方案和创新思路，推动全员参与到创新过程中。

2. 创新团队建设

（1）多元化团队构建

构建多元化的创新团队，吸引不同专业背景、技能和经验的成员。通过多元的团队构成，可以汇聚团队成员的创新思维。

（2）激励创新团队

为创新团队设立激励机制，包括奖金、晋升机会、项目股权等。通过激励，鼓励团队成员更加积极地参与创新活动，分享创新成果，激发更多创新火花。

第二节　创新资源配置与管理

一、资源配置原则

在大数据时代，企业在创新方面的投入是推动商业模式创新的重要一环。创新投入包括对新技术、新业务模式的研发、推广以及员工培训等多方面的资源投入。企业需要明确创新投入的重要性，将其视为长期发展的核心动力。

为了保证创新投入的有效性，企业需要建立科学合理的投入与回报平衡原则。这包括明确创新的战略目标，合理评估投入与预期回报之间的关系，并确保投入的可持续性。通过制定明确的投资回报策略，企业可以更好地引导创新资源的配置，确保资源的有效利用。

为了实现投入与回报的平衡，企业需要建立创新绩效评估体系。该体系包括对创新项目的定期评估，对研发团队和创新团队的表现进行定量和定性评估，以及对创新成果的商业化推广效果进行监测。通过建立全面的创新绩效评估体系，企业可以更好地了解创新活动的实际效果，为未来的资源配置调整提供依据。

二、创新资源管理实践

（一）制定资源分配策略

1. 创新项目分类与定位

郝生宾等（2018）则将市场导向视为根植于企业惯例和事件中的一种有价值的、稀缺的、难以量化和模仿的战略资源，是发展战略能力的基础。这一观点认为市场导向下的企业可以获取一系列有关市场信息的知识资源，借此来把握顾客需求的变化，引领企业产品或商业模式创新方向。在制定资源分配策略时，首先需要对创新项目进行分类与定位。不同类型的创新项目具有不同的风险、回报和周期特征。例如，基础研究型项目需要长期投入，而市场导向型项目更注重快速的市场反馈。

2.资源比例的科学确定

不同类型的创新项目需要不同比例的资源投入。通过科学确定资源比例，企业可以更好地平衡创新项目之间的资源分配，确保资源的优化利用。例如，对于风险较高的探索型创新项目，可以适度增加投入，而对于市场验证型创新项目，可以更注重有效控制成本。

3.设立明确的资源分配流程

制定明确的资源分配流程是资源分配策略的重要一环。企业应该建立创新项目从申报、评估到资源分配的标准化流程，确保每个创新项目都经过科学的评估和审批。这有助于避免资源的浪费。

（二）利用技术支持工具

1.数据分析工具的应用

大数据时代为创新资源管理提供了更多数据分析工具。企业可以借助先进的数据分析技术，对创新项目的进展、成本、风险等进行实时监控和分析。通过数据驱动的方法，企业能够更迅速地做出决策，优化资源配置。

2.协同平台的建设与运用

协同平台是提高创新资源管理效率的重要工具。通过建设协同平台，企业可以实现团队成员之间的实时协作、信息的共享，从而提高创新团队的协同效率。这对于大规模分布式团队和跨部门协同的创新项目尤为重要。

3.智能决策系统的引入

引入智能决策系统是大数据时代创新资源管理的新趋势。通过机器学习和人工智能技术，企业可以建立智能决策系统，根据项目的数据、历史经验等信息，辅助管理层做出更科学的资源分配决策。这种系统可以提高决策的准确性和效率，降低决策的主观性和误差。

（三）建立开放式创新生态系统

1.外部资源整合与共享

构建开放式创新生态系统要求企业能够整合外部资源。通过与外部合作伙伴建立紧密的关系，共同参与创新活动，企业可以获取外部的技术、经验和市场信息。这有助于提高创新的多元性和广度。

2. 开放式创新平台的建设

企业可以建设开放式创新平台，邀请外部创新者参与到企业的创新活动中。这包括与研究机构等建立合作关系，共同推动创新项目的发展。通过开放创新平台，企业能够更好地利用外部力量，促进创新的发生和传播。

第三节　商业模式创新风险管理与控制

一、风险识别与评估

（一）风险矩阵

1. 风险矩阵的概述

风险矩阵是一种广泛应用于企业风险管理的工具，旨在帮助企业系统性地识别、评估和优先处理各类潜在风险。这一工具通常以二维矩阵的形式呈现，通过在水平轴上表示风险发生的可能性，垂直轴上表示风险的影响程度，形成一个矩形区域。可能性和影响程度的划分通常采用数值标度，例如1到5或1到10，以便更准确地量化风险。

风险矩阵的主要目的在于提供一种直观的方式，帮助企业管理者理解潜在风险的严重性。通过风险矩阵，企业能够清晰地了解哪些风险对业务产生更大的影响，哪些风险更容易发生。这有助于企业更有针对性地分配资源、制定风险防范策略，从而更有效地防范潜在的威胁。

风险矩阵的制定通常需要进行团队讨论和数据分析。团队成员可以共同评估风险发生的可能性和影响程度，这涉及对业务流程、市场环境、竞争态势等方面的深入了解。同时，基于历史数据、行业经验和专业知识，团队还可以为每种风险分配适当的发生可能性和影响的数值，形成客观、科学的评估。

风险矩阵在风险管理中起重要作用。通过定期更新和审查风险矩阵，企业可以随时了解潜在风险的变化，及时调整风险管理策略。

2. 风险评估的内容

风险评估是企业在创新过程中必不可少的一环，它有助于系统性地识别和理解各类潜在风险，为制定切实可行的风险管理策略提供科学依据。在使用风险矩阵之前，企业需要对潜在的创新风险进行分类，这包括市场风险、技术风险、竞争风险等不同类型的风险。

明确可能性与影响程度是评估风险的重要步骤之一。团队需要进行深入的讨论，考虑到多方面因素，包括但不限于市场趋势、技术发展、竞争态势等。可能性通常用概率或百分比来表示，而影响程度则涉及财务损失、声誉影响、市场份额变化等方面的考量。在这一步骤中，可以借助专业知识、历史数据和市场研究等手段，对可能性和影响程度进行合理而全面的估计。

制定评估标准是确保不同团队成员对风险评估一致性的重要步骤。评估标准可以是定性的描述，也可以是定量的指标。例如，可以使用1到5的标度表示可能性和影响程度的等级，或者定义清晰的词汇范围，如"低""中""高"等。评估标准的明确定义有助于降低主观性，提高评估的可比性和可信度。

填充风险矩阵是将明确的可能性和影响程度填充到风险矩阵中的相应位置。风险矩阵通常以二维表格的形式呈现，水平轴表示可能性，垂直轴表示影响程度。通过将每种风险的评估值填入相应的单元格，企业可以形成全面的风险图景。这个图景有助于企业清晰地了解各种风险，从而更有针对性地采取风险管理措施。

此外，企业环境和外部因素不断变化，新的风险不断涌现，因此，定期审查风险评估结果，根据实际情况进行调整和更新，是确保企业持续健康运营的重要举措。

3. 风险矩阵的优势

首先，风险矩阵的优势在于其图形化展示潜在风险，使得复杂的风险信息变得直观而易于理解。通过在水平和垂直轴上表示可能性和影响程度，企业团队成员可以在一个平面上看到各种风险的位置，形成清晰的图像。这种可视化的表达方式有助于团队成员迅速理解各种风险之间的相对关系，使得复杂的风险信息更易于接收。

其次，风险矩阵使得团队能够直观地比较不同风险的重要性。通过在矩阵中标示各种风险的位置，特别是位于可能性和影响程度的高区域风险，团队可以明确了解哪些风险会对业务产生更大影响。这有助于企业更有针对性地制定风险应对策略，将有限的资源聚焦，提高风险管理效率和效果。

最后，风险矩阵有助于企业有序地制定优先级。通过将风险划分到不同的等级区域，企业可以清晰地了解风险的优先级。这种有序的优先级制定使得企业能够更有策略地应对风险，不至于陷入无谓的紧张和恐慌。

（二）专家访谈

1. 专家访谈的意义

（1）获取专业建议

专家访谈是一种通过邀请相关领域专业人士参与讨论的方法，有助于企业获取专业的意见和建议。在风险评估中，专家访谈能够提供深入的行业洞察和技术见解。

（2）补充团队知识

企业内部的团队无法涵盖所有领域的专业知识。通过专家访谈，企业能够从外部引入更广泛的专业知识，以更全面地了解潜在风险。

2. 专家访谈的实施步骤

（1）选择专家组成团队

在进行专家访谈前，企业需要认真选择专家，确保其在相关领域具有丰富的经验和知识。专家组成的团队应能够涵盖风险评估所涉及的各个方面。

（2）制订访谈计划

在访谈前，企业应制订详细的访谈计划，明确访谈的目的、问题以及访谈的时间和地点等细节。确保访谈过程有序进行，能够充分获取专家的见解。

（3）开展深入访谈

在访谈过程中，团队成员应提出相关问题，并与专家进行深入的交流。这包括对于特定领域风险的探讨、潜在风险的评估以及应对策略的建议等。

3. 专家访谈的优势

（1）提高评估的专业性

专家访谈能够提高风险评估的专业性，通过专业人士的参与，企业能够更准确地了解特定领域的风险特点，从而制定更具针对性的应对策略。

（2）促进跨领域的合作

专家访谈有助于促进跨领域的合作，将不同专业领域的知识和经验进行整合。这有助于企业全面考虑潜在风险，避免因为视野狭窄而忽略某些重要的风险因素。

（三）场景分析

1. 场景分析的重要性

（1）考虑未来不确定性

场景分析是一种有助于企业考虑未来不确定性的方法。通过构建不同的发展场景，企业能够更全面地了解潜在风险在不同情境下的可能性和影响。

（2）提高应对不同情境的能力

场景分析有助于企业提高应对不同情境的能力。由于商业模式创新往往伴随着多变的外部环境，场景分析使企业能够更好地应对不同情境下可能发生的风险。

2. 场景分析的实施步骤

（1）制定发展场景

在场景分析中，企业需要制定不同的发展场景，考虑可能的外部环境变化、市场动态等因素。这需要综合考虑各种可能性，包括技术变革、政策调整、竞争格局等。

（2）评估风险在不同场景下的可能性和影响

在制定了不同的发展场景后，企业需要对风险在每个场景下的可能性和影响进行评估。这可以通过团队讨论、数据分析等手段来完成。

（3）制定相应的风险应对策略

根据不同场景下的风险评估结果，企业需要制定相应的风险应对策略。这包括调整商业模式、改变市场定位、加强合作等应对措施。

3. 场景分析的优势

（1）促使全面思考

场景分析能够促使企业全面思考潜在风险。通过考虑不同的发展场景，企业能够更好地了解商业模式创新面临的各种情境，有助于制定更全面的风险应对策略。

（2）增强战略的灵活性

场景分析有助于增强企业战略的灵活性。在不同的场景下，企业能够更迅速地调整战略，适应外部环境的变化，降低潜在风险带来的负面影响。

二、风险控制与应对策略

（一）制订全面的风险控制计划

1. 风险控制计划的重要性

（1）概述

制订全面的风险控制计划是基于风险评估的必然步骤。该计划不仅提供了控制措施的具体细节，还明确了责任人和执行时间表，以确保风险能够得到有效控制。

（2）目标与期望

风险控制计划的主要目标是确保企业在商业模式创新中能够全面、有效地管理潜在风险。期望通过这一计划，企业可以降低风险发生的概率，减小风险带来的影响，并最大化商业模式创新的成功机会。

2. 风险控制计划的优势

风险控制计划的优势之一在于提供了有序的风险管理框架。企业在制订风险控制计划时需要明确各种潜在风险的发生可能性、影响程度以及相应的控制措施。这种系统性的方法使得企业能够有条不紊地规划和执行风险管理策略，确保在不同类型的风险发生时企业能够有序而有效地应对。通过详细列出责任人、控制措施和时间表等重要信息，风险控制计划为企业提供了清晰的指导，降低了管理混乱和不确定性的风险。

风险控制计划的制订有助于提高透明度与沟通。在制订风险控制计划的过程中，相关团队成员需要共同参与讨论和制订，确保各方对于风险的认知和应对策略一致。透明度的提高意味着所有相关利益方都能清晰了解风险控制的细节和计划。这有助于减少信息不对称带来的风险，防范因信息不透明导致的误解和决策偏差。同时，透明的风险管理计划也有助于加强团队内外的沟通，提高沟通效率，确保相关信息的及时传递和反馈。

（二）引入保险和金融工具进行风险转移

1. 风险转移的原则

（1）详细分析风险

企业在引入保险和金融工具进行风险转移时，首先需要确定可转移的风险范围。这可以通过仔细的风险评估来实现，确保选择的保险和金融产品能够覆盖企业最关注的风险。在引入保险和金融工具之前，企业需要进行详细的风险分析。这包括了解潜在风险的类型、可能的损失程度等，以便更准确地选择适当的保险和金融工具。

（2）合理的保费与费率

企业在选择保险产品时，必须关注保费与费率的合理性。与保险公司进行充分的沟通，获取全面的风险评估信息，以便更好地计算和支付合理的保费，确保企业在风险转移过程中可负担保费。

2.金融工具的巧妙运用

（1）期权和期货的运用

企业可以通过购买期权和期货等金融工具，对抗市场波动引起的风险。这在商业模式创新中，面对不确定性的市场环境时，能够有效地规避金融风险。

（2）利用衍生产品进行对冲

衍生产品如利率互换、货币互换等，是企业进行风险对冲的有力工具。通过灵活运用这些金融工具，企业能够更好地对冲利率变动、汇率波动等金融风险，确保在商业模式创新中保持财务稳定。

3.风险转移与金融工具的优势

首先，风险转移与金融工具的优势之一在于降低财务压力。企业在面临各种风险时，可能需要承担巨大的财务损失，如意外损失、自然灾害或法律纠纷等。通过引入保险和其他金融工具，企业可以降低经济压力。例如，企业可以购买财产保险来覆盖资产损失。这样一来，企业商业模式创新的过程中，在面临不可预测事件时能够减轻财务负担，确保经营的稳健性和可持续性。

其次，企业经营环境的不确定性使得其需要灵活应对各种风险，而金融工具的使用可以帮助企业灵活地调整风险管理策略。例如，企业可以根据市场情况选择不同类型的金融工具，如期权、期货等，以更好地适应市场波动。这种灵活性有助于企业在快速变化的商业环境中保持竞争优势，降低经营风险。

第四节　商业模式创新落地与持续优化策略

一、创新实施步骤

（一）制订明确的实施计划

1.制定商业模式创新的明确目标

在商业模式创新实施计划中，首要任务是制定明确的项目目标。这包括对创新的期望成果、关键绩效指标的明确定义，为整个实施过程提供清晰的方向。

2.实施计划的制订步骤

（1）项目启动和背景分析

在实施计划制订的初期，进行项目启动和背景分析是至关重要的。这包括明确商业模式创新的背景、目的和对组织的战略意义，为后续计划的制订提供充分的信息支持。

（2）制定项目目标和KPI

在分析了项目的背景之后，明确商业模式创新的项目目标和关键绩效指标（KPI）。项目目标应该与组织的整体战略一致，而KPI则应具体、可衡量，以便后续对项目的进展进行评估。

（3）制定关键步骤和时间表

根据项目目标和KPI，制定实施过程中的关键步骤和时间表。确保每个步骤都明确可行，时间表合理，以便实现项目目标并保持进度的顺利推进。

3.实施计划的优势

（1）项目方向明确

制订明确的实施计划有助于确保整个团队对项目的方向有清晰的认识。项目目标和关键步骤的明确定义使团队成员能够在整个实施过程中方向一致。

（2）时间和资源的高效利用

通过详细的时间表和关键步骤，企业能够有效利用时间和资源。这有助于避免资源浪费，确保项目按照计划高效推进。

（二）建立有效的沟通机制

1.沟通机制的重要性

（1）项目内外部利益相关方的沟通需求

在商业模式创新实施过程中，存在各种利益相关方，建立有效的沟通机制有助于满足这些利益相关方的沟通需求，确保项目信息高效地传达。

（2）解决问题与调整方向的重要性

沟通机制不仅是信息传递的手段，更是解决问题和调整方向的重要一环。及时沟通可以帮助团队发现问题、协调资源、做出调整，确保项目能够有效地应对变化。

2.建立沟通机制的实施步骤

（1）确定沟通的频率和形式

在建立沟通机制时，首先需要确定沟通的频率和形式。不同的利益相关方可能对项目的关注点不同，因此需要制订灵活的沟通计划，以满足各方的需求。

（2）确定沟通责任人

每个沟通环节都需要明确责任人。这包括项目领导、团队成员、沟通协调人等，以确保信息的及时传递和问题的迅速解决。

（3）制定问题反馈和调整机制

沟通机制应该包括问题反馈和调整机制。及时收集并解决团队成员提出的问题，以及根据项目进展和外部环境变化进行必要的调整，确保项目正常进行。

3.建立沟通机制的优势

（1）问题快速响应

建立有效的沟通机制有助于项目中问题的快速响应。团队成员可以及时向管理层和其他团队成员反馈问题，从而能够更迅速地找到解决方案，确保项目的顺利进行。

（2）促进团队协作

有效的沟通机制有助于促进团队协作。通过信息传递，团队成员更容易了解彼此的工作进展，协调资源和任务，提高整体协作效率。

二、持续优化机制

1.建立监测与评估体系

（1）监测体系的构建

建立有效的监测体系是确保商业模式创新可持续发展的基础。监测体系应涵盖多个方面，包括但不限于项目进展、绩效指标、市场反馈等。通过制定明确的监测指标，企业可以及时了解项目的运行状况，发现问题并采取相应措施。

（2）数据收集与分析

为建立有效的监测体系，企业需要进行系统性的数据收集与分析。这包括从内部系统和外部渠道获取数据，采用先进的数据分析工具进行深入挖掘。通过对数据的综合分析，企业可以全面了解商业模式创新的影响因素，为优化调整提供科学依据。

（3）定期评估与反馈

监测与评估体系需要定期进行评估，以确保其持续有效性。定期评估应包括对监测指标的实际表现进行对比分析，发现偏差并追踪原因。同时，建立有效的反馈机制，及时将评估结果反馈给相关团队，促使他们做出必要的调整和改进。

2. 激励机制的建立

（1）个人激励机制

为激励个体积极参与商业模式创新的持续优化，企业应该建立个人激励机制。这可以通过设立明确的个人绩效目标与奖励机制，将个体的努力与项目的整体目标紧密关联。个人绩效的评估应该充分考虑其在持续优化中的贡献，以激发员工的积极性。

（2）团队层面的奖励机制

除了个体激励外，建立团队层面的奖励机制同样至关重要。团队的协同合作对于持续优化至关重要，因此，通过设立团队目标与奖励机制，鼓励团队成员共同努力、共享成果。这包括团队绩效奖金、团队活动奖励等形式，以强化整个团队的凝聚力和合作意识。

（3）制定公平公正的激励政策

在建立激励与奖励机制时，企业应制定公平公正的政策，确保激励分配的公正性。明确激励政策的标准和流程，避免产生内部不公平感，以维护员工的积极性和团队的稳定性。

第七章

大数据时代商业模式创新的未来展望

第一节 大数据技术发展的趋势与商业模式创新

一、技术趋势展望

（一）异构数据融合

1. 背景与挑战

随着大数据技术的不断演进，异构数据的融合成为未来发展的热点。异构数据源的增加使得企业和组织能够从更多维度获取信息，从而更好地支持决策和创新。传感器数据、社交媒体数据、地理位置数据等多种来源的数据呈现出多样性和复杂性，为了充分挖掘这些数据的价值，高效融合异构数据成为一项至关重要的任务。

解决异构数据融合的挑战需要解决多种问题。首先，数据格式和标准的不一致性是一个显著问题。不同数据源往往采用不同的数据格式和标准，导致数据集成和融合变得非常困难。数据的时空关系也是一个复杂因素，特别是在涉及地理位置和时间序列的数据时，需要考虑数据之间的时空关联，以便更好地理解数据的内在规律。因此，建立统一的数据格式和标准，并研究时空关系的有效处理方法是解决异构数据融合挑战的重要步骤。

提供全面、多维度的信息支持是异构数据融合的终极目标。仅仅解决数据融合的技术问题是不够的，还需要考虑如何从这些融合的数据中提取有用的信息。这涉及数据挖掘、机器学习和人工智能等多个领域的综合应用。建立灵活、智能的数据分析和挖掘系统，能够根据用户需求提供个性化、定制化的多维度信息支持，将是未来异构数据融合的重要挑战之一。

2. 发展趋势

首先，未来大数据平台的发展趋势将更加注重建立开放、灵活的数据融合框架。随着不同行业、组织和业务领域中数据源的不断增加，建立一个开放的数据融合框架至关重要。这样的框架能够支持多种数据类型和格式，实现异构数据的无缝连接和集成。采用先进的数据融合算法和技术，如基于语义的数据融合、图数据库技术等，有助于构建更智能、自适应的数据融合系统，使得企业能够更准确、全面地获取业务信息。

其次，随着数据治理和隐私保护意识的提升，未来的数据融合技术将更注重数据安全性和合规性。数据安全性是数据融合不可忽视的方面，特别是在面对敏感信息和隐私数据时。未来的大数据平台需要加强数据融合过程中的安全策略和技术手段，以防范数据泄露和未经授权访问。同时，合规性成为一个重要的考量因素，数据融合技术需要符合法规和行业标准，保证数据的合法、合规使用。这涉及建立透明的数据融合流程，明确数据使用的权限和目的，并采用技术手段确保数据在整个融合过程中的合规性。

最后，未来的大数据平台发展将更加关注用户体验和智能化。随着数据融合的深化，用户需要更简单、直观的方式来访问和理解融合后的数据。因此，未来的数据融合技术需要结合先进的可视化工具和用户界面设计，使用户能够以更直观、交互性强的方式与数据互动。智能化则包括利用机器学习和人工智能技术，使数据融合系统能够自动学习用户的需求和行为，提供个性化、智能化的数据融合服务。

（二）边缘计算与 5G 技术

1. 边缘计算的作用

首先，边缘计算的作用在于改变了数据处理的地理位置，将计算能力从中心化的云端向边缘设备移动。这一变革带来的最显著影响之一是大幅缩短了数据传输的时延。传统的云计算模式中，数据需要从边缘设备传输到云端进行处理，然后再将处理结果传回边缘设备，这个过程会导致较长的延迟。而边缘计算使得数据可以在离数据源更近的地方进行处理，提高了实时性，尤其对实时性要求较高的应用场景，如工业自动化、智能交通等，边缘计算的优势尤为明显。

其次，边缘计算与 5G 技术的共同发展为商业模式创新带来了新的可能性。5G 技术的高速传输特性将大量数据更快速地在边缘和云端之间传递，为商业模式的实时决策提供了技术支持。在过去，由于网络带宽和传输速度的限制，实时处理大规模数据通常面临挑战。随着5G技术的推广，数据传输速度将大幅提升，使得大量数据能够更迅速地在边缘和云端之间传递，为实时决策提供了更坚实的技术基础。这将推动商业模式更加注重即时性创新，例如实时监控、实时分析等应用将更加普及，为企业提供更快速、灵活的业务决策支持。

最后，边缘计算与5G技术的结合将促使商业模式更加注重数据隐私和安全。由于边缘计算使得数据在离数据源更近的地方进行处理，一些敏感数据无须传输到云端，降低了数据在传输过程中被截获或篡改的风险。同时，5G技术在网络通信方面提供了更高的安全性标准，这将进一步加强商业模式对于数据隐私和安全的关注。未来，企业在创新商业模式时将更加注重构建安全可靠的边缘计算环境，以确保敏感数据的隐私和完整性。

2. 实时反馈机制的强化

随着边缘计算和5G技术的成熟应用，实时反馈机制在商业模式创新中将得到强化。边缘计算将数据处理能力从云端移至离数据源更近的边缘设备，大大提高了实时数据分析和决策的效率。同时，5G技术的高速传输特性确保了大量数据能够快速、稳定地在边缘和云端之间传递，为实时反馈机制提供了更可靠的数据支持。

这一强化实时反馈机制在物联网等领域将成为商业模式创新的重要因素。在物联网中，各种设备通过互联网实时交换数据，形成庞大的数据网络。边缘计算使得这些设备能够在本地进行实时数据分析，而5G技术则确保了数据的快速传输，使得企业能够更即时地获取设备状态、市场需求等信息。通过强化实时反馈机制，企业可以更迅速地了解市场变化，调整产品或服务策略，满足客户需求，提升竞争力。

实时反馈机制的强化将带来商业决策的迭代和优化。由于可以更及时地获取并分析市场反馈、用户行为等数据，企业能够更灵活地调整商业模式，改进产品和服务，以适应市场的动态变化。这种迭代和优化的商业决策过程有助于企业更好地应对不确定性，降低经营风险，提高商业模式的适应性和灵活性。

（三）强化学习与人工智能

1. 智能算法的广泛运用

首先，未来大数据时代将更加依赖强化学习和人工智能技术，这给商业模式创新带来了前所未有的机遇。强化学习作为一种机器学习方法，通过不断与环境交互，通过试错来优化学习算法，使计算机系统能够逐步改进决策过程，实现更智能化的数据分析。这一技术的广泛运用将显著提高数据分析的准确性和效率，为企业的商业模式创新提供更有深度和智能化的支持。

其次，智能算法在商业模式创新中被广泛应用于多个重要领域，其中之一是市场预测。通过强化学习和人工智能技术，企业能够更准确地预测市场趋势、竞争态势和用户需求变化。智能算法可以分析海量数据，发现隐藏在其中的规律和趋势，为企业提供及时的市场情报，帮助其制定更具前瞻性和战略性的商业模式。

再次，智能算法在用户行为分析方面发挥重要作用。通过对用户行为数据的深度学习和分析，企业可以更好地理解用户的偏好、习惯和需求。基于这些洞察，企业能够个性化地提供产品或服务，提高用户满意度，同时优化商业模式，实现更精准的营销和服务策略。

最后，在商业模式创新中，智能算法的应用还将扩展到决策优化、资源调配等方面。通过对海量数据的实时分析，企业可以更智能地做出决策，优化资源分配，提高运营效率，进而推动商业模式的创新和发展。

2.智能决策系统的崛起

随着强化学习和人工智能技术的不断发展，智能决策系统将成为商业模式制定和执行的重要工具。这一发展趋势将在多个层面产生深远影响，从而使企业能够更科学地应对市场变化、优化资源配置和提高决策效率。

传统决策往往受到主观意识、经验局限等因素的制约，而智能决策系统能够基于大数据和深度学习算法，准确分析市场趋势、用户行为等信息，提供更客观和全面的决策依据。这有助于降低决策风险，使企业能够更好地适应复杂多变的商业环境。

在智能决策系统的支持下，企业还能够更好地实现决策的灵活性。由于系统实时分析大量数据，预测未来趋势，企业能够更迅速地做出反应，调整商业模式，以更好地适应市场需求的变化。这种实时决策的能力将成为企业在激烈竞争中取得优势的重要因素之一。

在智能决策系统的崛起中，对于企业来说，人工智能技术不仅是一种工具，更是一种战略优势。通过充分利用智能决策系统，企业能够在商业模式制定和执行过程中更好地理解市场、预测趋势，并迅速调整战略方向，从而更加灵活和智能地应对不断变化的商业环境。

（四）区块链驱动的去中心化商业模式

区块链技术作为一种分布式账本技术，具有去中心化、不可篡改、透明等特性，为构建新型商业模式提供了有力支持。其去中心化的特性意味着在商业活动中不再需要中心化的机构，而是通过分布式网络中的共识算法实现对数据的验证和确认。这为商业模式的建立提供了更安全和透明的基础，降低了信任成本，使得交易更加公正可信。

去中心化商业模式在金融领域展现出强大的潜力。区块链技术的应用使得传统金融体系中的交易、结算等环节变得更加高效和安全。例如，数字货币的兴起、智能合约的应用等都为金融业带来了全新的商业模式。去中心化金融服务平台的崛起使得用户能够更便捷地进行跨境支付、借贷等金融活动，同时无须依赖传统银行等中心化机构，降低了金融服务的门槛，为全球金融体系带来颠覆性变革。

供应链领域也是去中心化商业模式的热点应用领域。区块链技术的引入能够实现供应链上的信息不可篡改、溯源追踪等功能，提高了供应链的透明度和可信度。通过区块链，参与供应链的各方可以共享同一份不可篡改的信息，实现供应链各环节的实时监控和管理。这为消费者提供了更可靠的产品信息，同时也减少了供应链中信息不对称和信任问题，推动了供应链的高效运作。

去中心化商业模式在智能合约、数字资产交易等方面具有巨大的潜力。智能合约通过区块链技术实现自动化执行，为商业活动提供了更高效和可靠的合同执行机制。在数字经济时代，数字化重构了企业商业模式创新的基本要素，数字技术对企业的数字化赋能丰富了商业模式创新的内涵和结构，重构了企业机会的利用过程、资源获取的过程和传统的商业逻辑。数字资产的去中心化交易平台也为用户提供了更安全、快捷的数字资产交易体验。这些新型商业模式的崛起在数字经济时代具有重要意义，为实现去中心化、开放式的商业环境奠定了基础。数字技术作为数字经济时代的重要动力，正引领产业变革，重塑企业生产方式，推动新业态、新模式发展，信息等资料的表现形式逐渐转变为数据形式，企业传统商业模式及其边界在数字技术的作用下逐渐模糊。

（五）增强现实与虚拟购物体验

增强现实技术的应用为虚拟购物体验带来了全新的维度。用户可以通过增强现实眼镜或手机应用，在虚拟环境中逼真地试穿衣物、配饰或体验其他商品。这种沉浸式的购物体验使消费者能够更全面地了解产品外观、尺寸和搭配效果，提高购物决策的准确性。同时，商家也能够通过数据分析更好地了解用户的喜好和购物行为，从而优化产品推荐和营销策略。

虚拟购物体验的兴起将改变传统零售业的运营模式。传统零售业通常依赖于实体店面，而虚拟购物体验为零售商提供了更灵活的经营方式。企业可以建立虚拟商城，无须大规模的实体店铺，从而降低开店成本。同时，通过增强现实技术，企业可以在虚拟商城中展示更多商品，拓展产品线，吸引更广泛的客户群体。这对于小型企业和新兴品牌而言，提供了进入市场的更便捷的途径。

虚拟购物体验在用户互动和社交方面有巨大的潜力。通过增强现实技术，用户可以在虚拟环境中与朋友、家人共同参与购物体验，共享购物乐趣。这种社交化的虚拟购物体验不仅增强了用户黏性，也为零售商提供了更多社交互动数据，有助于精准推送商品和提高用户满意度。同时，虚拟购物体验还可以与社交媒体平台相结合，实现用户购物分享和社交化营销，进一步扩大品牌影响力。

虚拟购物体验的成功还取决于技术的不断创新和完善。随着虚拟现实和增强现实技术的不断发展，未来会出现更具沉浸感、互动性更强的虚拟购物体验。例如，通过引入更先进的仿真技术和人工智能算法，使得虚拟试衣更加贴近实际效果，进一步提升用户体验。因此，企业需要密切关注技术创新的方向，不断提升虚拟购物体验的品质和深度，以保持竞争力。

二、全球商业模式创新现状

（一）企业实践

1. 线上购物平台的数据驱动型零售模式

首先，线上购物平台通过强大的大数据分析构建了精准的用户画像。线上购物平台通过跟踪用户在平台上的各种行为，包括浏览商品、点击链接、购物车行为等，收集了大量的用户数据。通过深度学习算法，线上购物平台能够对这些数据进行分析，识别用户的偏好、购物习惯、兴趣爱好等信息，形成精准的用户画像。这种个性化的用户理解为线上购物平台提供了更准确的商品推荐，从而提高了用户购物的满意度和体验。

其次，线上购物平台借助大数据技术实现了个性化推荐。通过对用户画像的深入分析，线上购物平台能够预测用户可能感兴趣的商品，并将这些商品以个性化的方式呈现给用户。这种个性化推荐不仅提高了用户购物的效率，也促使用户发现更多符合其兴趣的产品。同时，线上购物平台通过分析用户的购物历史和喜好，实时调整推荐策略，保持推荐的新鲜度和吸引力，为用户提供更加个性化、精准的购物体验。

再次，线上购物平台构建了高效的物流和配送系统。在零售业中，物流和配送是重要的环节之一，直接关系到用户收货的速度和体验。线上购物平台通过大数据分析优化了物流管理，实现了高效的订单处理和仓储管理。同时，线上购物平台还采用了先进的配送技术，如无人机、机器人等，提高了配送速度和准确性。这种高效的物流体系为线上购物平台的商业模式创新提供了坚实的基础，使其能够更好地满足用户对快速配送的需求。

最后，线上购物平台强调了便捷的购物体验。通过大数据分析，线上购物平台不仅提供了个性化推荐，还通过简化购物流程、智能搜索等方式，使用户更轻松地找到所需商品。线上购物平台的一键下单、一日达等服务也极大地提升了用户的购物便利性。这种便捷的购物体验成为线上购物平台商业模式的一大特色，受到了大量用户的青睐。

2.电动汽车生态链

首先，特斯拉在电动汽车生产方面进行了深刻创新。特斯拉以电动汽车为核心产品，通过采用先进的电池技术、电动驱动技术以及智能化的车载系统，推动了整个汽车产业向电动化方向的发展。特斯拉的电池技术在电池容量和充电速度上取得了显著突破，为电动汽车提供了更长的续航里程和更便捷的充电体验。这种产品创新不仅满足了用户对环保和节能的需求，也推动了整个汽车行业向更可持续的方向发展。

其次，特斯拉通过建设充电基础设施，解决了电动汽车的充电难题。特斯拉推出了一系列超级充电站，覆盖了全球多个地区，实现了对电动汽车的快速充电。这一创新不仅提高了电动汽车的使用便利性，也解决了用户对充电基础设施不足的顾虑，促进了电动汽车市场的发展。特斯拉还通过引入太阳能充电技术，实现了可再生能源的利用，进一步推动了电动汽车的环保理念。

再次，特斯拉致力于自动驾驶技术的研发与应用。通过引入先进的自动驾驶辅助系统，特斯拉实现了在车辆行驶过程中的智能化控制。特斯拉的自动驾驶技术不断升级，包括自适应巡航、自动驾驶导航等功能，为用户提供更安全、便捷的驾驶体验。这一创新不仅提高了车辆的安全性，也引领了汽车行业向自动驾驶的未来发展。

最后,特斯拉构建了完整的电动汽车生态链,形成了从生产、销售到服务的一体化商业模式。特斯拉通过直销模式、在线购车以及线上服务等方式,简化了汽车购车流程,提高了销售效率。同时,特斯拉通过线上软件升级,不断为车主提供新的功能和体验,实现了与用户的持续互动。这种全方位的商业模式创新使得特斯拉在电动汽车市场上建立了强大的品牌影响力,获得了大量用户的关注和信赖。

(二)跨界融合与合作共赢

1. 新零售生态

新零售生态系统构建在先进的信息技术基础上。通过整合线上线下数据,企业能够全面了解用户的购物行为、偏好和需求。基于大数据分析,精准预测商品的需求趋势,实现库存的精细管理和供应链的优化。这种数据驱动的新零售模式使得商品能够更准确地匹配用户的需求,提高了购物的个性化体验。

通过线上平台与线下商家的融合,企业实现了商品全渠道的流通。用户可以在电商平台上浏览和购买商品,同时在线下门店取货、体验和退货。这种线上线下融合的新零售模式不仅拓宽了用户购物的渠道,也提高了用户的便捷体验。同时,线上线下数据的共享与整合,使得用户在不同渠道的购物行为无缝衔接,为用户提供一致的购物体验。

通过技术的赋能,推动线下商家的数字化升级。通过引入智能设备、人工智能算法等技术手段,企业可以帮助线下商家提高运营效率、降低成本。例如,通过人脸识别技术实现会员识别和支付,通过智能推荐算法提高商品的销售效果。这种技术赋能的新零售模式不仅使线下商家更好地适应数字化时代的要求,也为其提供了更多商业机会。

新零售生态强调合作共赢的理念。企业通过与线下商家建立合作关系,分享数据和技术资源,推动了整个零售行业的升级。这种共赢的合作模式既增强了企业在零售领域的影响力,也为线下商家提供了更多发展机会。这种生态系统的建设不仅促进了零售行业的创新,也推动了商业模式的变革。

2. 社交媒体与电商融合

通过社交媒体与电商的融合,可以实现了用户社交行为与广告变现的有效结合。社交媒体平台作为用户分享生活、交流观点的主要场所,为品牌提供了一个直接与用户互动的渠道。用户通过在社交媒体上分享购物体验、产品评价等信息，成为品牌的活动传播者，为其口碑传播提供了强大的支持。这种用户生成内容的方式使得品牌信息更加真实、有说服力，对消费者形成更大的吸引力。

通过广告变现模式实现盈利。通过对用户的数据分析，企业可以有针对性地向用户推送个性化广告。这种高度定制的广告模式不仅提高了广告的点击率和转化率，也为广告主提供了更精准的推广效果评估。企业的广告变现模式成为其主要收入来源之一，同时也为企业提供了一种有效的品牌推广和营销渠道。

社交媒体与电商的结合为企业提供了全新的销售渠道。通过在社交媒体平台上开设商业账号、推出购物功能，用户可以在社交平台上直接完成商品的浏览、选购、支付等操作。这种社交电商的模式使得用户在社交媒体上不仅能够获取信息，还能够直接购物。对于企业而言，社交媒体成为一个直接与用户互动、促成销售的综合平台。

社交媒体与电商融合为商业模式创新提供了全新的可能性。通过社交媒体，企业可以更加深入地了解用户需求，精准推送广告，提高用户黏性。同时，用户生成的内容也为企业提供了更多营销素材。社交媒体的引入为传统电商注入了更多社交元素，使得购物不再是简单的交易行为，而是一种社交体验。

通过社交媒体与电商的融合，实现了广告和社交平台的双赢，为企业提供了全新的销售渠道和品牌推广手段。这种商业模式创新不仅满足了用户对于社交化购物的需求，也为企业带来了更多商业机会。在数字化时代，社交媒体与电商的融合将继续推动商业模式的创新，成为企业发展的重要动力。

三、全球趋势与国际合作展望

（一）国际标准与规范的制定

1. 国际商业模式标准的推动

随着全球化的不断深入，各国企业面临着跨国运营的挑战，涉及不同法律和行业标准。为了解决这一问题，未来国际市场将更加强调制定共同的商业模式标准与规范。国际组织、行业协会将密切合作，制定通用性的商业模式标准，使得企业能够更加清晰地了解在不同国家运营的法律和规定，降低经营风险。

2. 标准化促进商业模式创新

国际标准的制定将推动全球商业模式创新的一致性和标准化。这有助于企业更加便捷地跨足不同市场，降低适应新市场和新环境的成本。标准化还能够促使企业更加注重创新、提高竞争力，推动全球商业模式向更加高效和可持续的方向发展。

（二）创新生态系统的形成

1. 跨国企业间的合作共赢

首先，全球范围内将形成更加完善的创新生态系统。随着科技的不断发展和全球化的推进，各国企业之间的交流与合作将更加频繁。这种全球性的创新生态系统将为企业提供更广泛的合作机会，促使不同国家和地区的企业共同参与全球商业模式的创新。

其次，跨国企业将加强跨界合作，实现优势互补。不同国家和地区的企业具有各自的技术、资源和市场优势，通过合作，它们可以实现资源共享和优势互补。例如，一些发达国家在技术研发方面具有较强的实力，而一些新兴市场国家则拥有更广阔的市场和廉价的劳动力，双方通过合作可以共同推动创新和商业模式的发展。

再次，通过共享创新资源和技术经验，跨国企业能够更好地应对全球性挑战。全球范围内存在共同的挑战，如气候变化、公共卫生危机等。跨国企业通过合作可以集聚全球智慧和力量，共同应对这些挑战。例如，在研发新能源技术、应对环境问题方面，跨国企业可以共享先进技术和经验，实现协同创新。

最后，共同推动商业模式的创新与发展是跨国企业合作的目标之一。通过合作，企业可以共同开发新产品、拓展新市场，实现商业模式的创新。共同推动商业模式的创新有助于提高企业在全球市场中的竞争力，促使它们更好地适应不断变化的商业环境。

2. 创新机构与企业的密切合作

首先，国际上将加强创新机构与企业的合作，以构建更加紧密的创新生态。这一趋势的背后体现了对创新资源整合和知识共享的迫切需求。创新机构，包括政府、高校、科研机构等，在其拥有丰富的研究资源和技术实力的同时，也意识到与企业的合作是推动科技创新和商业模式演进的重要因素。

其次，政府在这一合作中起着重要作用。政府作为整体创新体系的组织者和推动者，将加大对创新机构与企业间合作的支持力度。通过设立创新基金、制定激励政策等手段，政府能够引导和鼓励创新机构与企业共同投入研发，加速新技术的孵化和商业化过程。

再次,高校和科研机构在这个合作格局中将发挥技术和知识的优势。高校作为科研和人才培养的重要场所,拥有丰富的学术资源。与企业的深度合作可以加速科研成果的转化,使之更快地服务于商业模式的创新。同时,科研机构的专业技术支持也为企业的创新提供了强有力的保障。

最后,这种创新机构与企业的密切合作将有助于推动全球商业模式创新的蓬勃发展。通过全球范围内的合作网络,各方能够共享创新成果,推动科技创新的全球交流。这种合作势必在全球范围内形成良性循环,推动商业模式的不断创新。

第二节 未来大数据时代企业商业模式创新的建议与展望

一、企业应对未来挑战的建议

(一)加强数据治理与隐私保护

随着隐私法规的不断完善,企业需要积极采取措施保护用户隐私。制定并执行严格的隐私政策、采用安全的数据存储和传输技术,是确保企业合规运营的关键步骤。通过这些措施,企业能够维护用户信任,为商业模式创新提供可持续的基础。

(二)培养数据人才与创新人才

1. 数据人才的需求与重要性

首先,随着大数据时代的到来,数据人才的需求日益凸显。企业面临着庞大而复杂的数据集,需要专业的数据科学家、分析师和工程师来有效地解析和利用这些数据。这些人才能够运用统计学、机器学习和数据挖掘等技能,从海量数据中提取有价值的信息,为企业决策提供科学依据。

其次,数据人才在大数据驱动商业模式创新中的重要性不可忽视。他们能够帮助企业更好地理解市场趋势、消费者行为和竞争态势,为企业提供深入的商业洞察。通过对数据的深度分析,他们能够发现潜在的商机、优化业务流程,并提出创新型的商业模式。数据人才的参与使得企业能够更加敏锐地捕捉市场变化,更好地适应竞争环境。

再次,企业需要制订全面的培训计划,以确保员工具备大数据分析所需的专业知识和技能。这包括内部培训和外部培训，以满足不同层次和岗位的员工需求。内部培训可以根据企业的实际情况，结合业务场景进行针对性培训，提高员工对大数据应用的理解和实践能力。外部培训可以通过引入专业的培训机构或邀请行业专家进行，确保员工能够了解最新的技术和发展趋势。

最后，数据人才的培养是企业成功实施大数据驱动商业模式创新的基石。企业应该建立健全的人才发展体系，包括招聘、培训、激励和晋升机制，以留住和吸引高素质的数据人才。企业还可以与高校、研究机构合作，建立实习和研究项目，培养更多具备实践经验的数据人才。

2.创新人才的培育

首先，创新人才的培育是企业在面对不确定性和快速变化的市场环境中取得成功的重要因素。创新人才具备跨学科的知识背景，能够将不同领域的思维融合在一起，从而产生独特的创新观点。这种能力使得创新人才在解决复杂问题、发现新商机和推动业务发展方面具有独特的优势。

其次，企业可以通过与高校和研究机构建立紧密的合作关系，引入更多创新思维和前沿知识。与高校的合作可以通过共建实验室、设立科研项目、提供实习机会等方式进行。这样的合作有助于企业在技术和理论上保持领先地位，同时为高校师生提供了实际应用场景，促使创新研究更贴近市场需求。

再次，企业可以通过培训计划和创新项目来激发团队的创新潜力。培训计划包括创意思维、问题解决技能、团队协作等方面，帮助员工培养创新的思维方式和方法。创新项目可以为团队提供实践锻炼的机会，通过解决实际问题来培养创新人才，并在项目中发现和培养潜在的创新领导者。

最后，企业应该建立创新人才的晋升通道和激励机制，以留住和吸引高水平的创新人才。这包括提供有竞争力的薪酬、提供广阔的职业发展空间、建立创新团队和项目的知识产权激励机制等。通过这些手段，企业可以激发创新人才的积极性，使其在创新领域持续发挥创造性作用。

二、未来发展方向的展望

（一）社会责任

未来企业的商业模式创新将更加注重生态可持续性。企业需要在商业决策中综合考虑生态、社会和治理等因素，实现可持续的商业运营。通过整合环境友好型技术、绿色供应链管理等手段，企业能够减小对环境的影响，满足社会对企业责任的期望。

社会责任不仅关乎环境，还包括对员工、消费者和社区的责任。未来企业的商业模式应该体现对员工的关爱，提供良好的工作环境和培训机会。同时，积极参与社区事务，回馈社会，建立积极的企业形象。

（二）强化数字化转型

1. 数字化转型的全面覆盖

数字化转型对产品创新产生全面覆盖的影响。通过嵌入先进的数字技术，企业能够提高产品的智能化水平，实现产品功能的创新和升级。例如，智能物联网技术的应用可以使得产品具备更强的互联性和智能化，满足消费者对于智能、便捷的产品体验的需求。数字化转型还能够加强对产品全生命周期的管理，通过数据分析和反馈机制，不断优化产品设计、生产和售后服务，实现产品创新的全方位覆盖。

服务创新也是数字化转型的重要方面。通过数字技术，企业可以提升服务的个性化和定制化水平，满足消费者多样化的需求。例如，基于大数据分析的个性化推荐系统可以为用户提供更符合其兴趣和偏好的服务。数字化转型还能够改善服务的响应速度和效率，通过自动化流程和智能客服系统，提供更快捷、更高效的服务体验。服务创新在数字化时代是企业提升竞争力的重要手段，有助于增加市场份额和增强客户忠诚度。

数字化转型对管理模式的创新产生深远影响。企业可以通过引入先进的数字化管理工具和平台，实现对业务流程的全面监控和优化。例如，采用大数据分析工具可以帮助企业更好地了解市场趋势、用户反馈，从而调整产品策略和市场营销方案。数字化转型还能够推动企业实现组织架构的优化和灵活性增强，通过数字化协同平台实现团队的即时沟通和协作。管理模式的数字化创新有助于企业更加灵活地应对市场变化，提高决策效率和执行力。

数字化转型在营销和销售领域发挥重要作用。数字化营销通过社交媒体、搜索引擎优化等手段，拓展了企业与用户之间的互动渠道，实现了更广泛的品牌推广。通过大数据分析用户行为和偏好，企业可以制定更精准的营销策略，提高广告投放的效果。数字化销售则通过电商平台、移动应用等渠道，拓展了产品的销售范围，实现了线上线下的无缝衔接。数字化转型为企业提供了全方位的营销和销售工具，帮助企业更好地应对市场竞争和消费者需求的变化。

2. 数字化与商业模式的深度融合

首先，数字化与商业模式的深度融合体现在组织文化和领导力的转变。企业需要建立一种数字化思维的文化氛围，让全体员工都能够理解和接受数字化的理念。领导层要推动数字化转型，树立数字化创新的榜样，同时需要培养具备数字化素养的领导力。数字化领导力注重数据驱动的决策、创新思维、快速实验和学习的能力，以推动数字化在商业模式中的全面渗透。

其次，数字化平台的构建是数字化与商业模式深度融合的核心。企业需要建设具备数据整合、分析和应用能力的数字化平台，以支持商业模式的创新。这包括构建面向内部和外部的数字化生态系统，整合各类数字技术资源，实现数据的共享和协同。数字化平台不仅是数据的存储和处理中心，更是数字化服务、智能决策和创新实验的基础设施。

再次，数字化应用场景的拓展是深度融合的体现。企业需要挖掘更多数字化应用场景，将数字技术嵌入商业模式的各个环节。例如，通过物联网技术实现产品的智能化，通过区块链技术提升交易的透明度和信任度，通过人工智能算法优化供应链管理。数字化应用场景的拓展要基于对业务流程和市场需求的深入理解，以实现数字化与商业模式的有机结合。

最后，数字化转型需要建立强大的数字化能力体系。这包括具备数字化技术专业知识的人才队伍，以及持续学习和创新的组织机制。企业需要通过培训和引进人才，确保团队具备足够的数字化素养。同时，建立敏捷的组织机制，支持快速试错和灵活调整，以适应数字化时代的不断变化。

综合来看，数字化与商业模式的深度融合需要全面考虑组织文化、领导力、数字化平台、应用场景和数字化能力等多个维度。只有在这些方面形成有机整合，企业才能真正实现数字化转型，提升商业模式的创新力和竞争力。这种深度融合不仅是技术的整合，更是思维方式和管理理念的变革。

第八章

典型企业商业模式创新案例

第一节　大数据时代，企业渠道创新：直播带货

一、案例介绍

（一）背景介绍

1. 互联网时代背景下的销售模式转变

在互联网时代，随着互联网的普及和发展，传统的销售模式正在经历着翻天覆地的变革。传统的线下销售渠道，如实体店面、超市购物等，逐渐无法满足当今消费者的诸多需求。互联网的兴起深刻改变了消费者的购物行为，重塑了销售模式。

第一，互联网的崛起打破了时间和空间的束缚。传统的线下销售模式受限于实体店面的开放时间和地理位置，而互联网销售则让消费者可以随时随地通过网络进行购物。不再受制于时间和地点的限制，消费者能够更加自由地选择购物的时间和方式，极大地提高了购物的便利性和灵活性。

第二，互联网为消费者提供了丰富多样的购物渠道和选择。通过搜索引擎、电子商务平台等，消费者可以轻松获取各种商品信息，并进行比较和选择。消费者不再局限于有限的实体店面或超市，而是可以在全球范围内寻找所需商品，拓展了购物的广度和深度，提高了购物的透明度和效率。

第三，互联网促进了消费者之间信息的交流和分享。社交媒体、在线评价等平台成为消费者了解产品、分享购物体验的重要渠道。消费者可以通过社交媒体了解他人的购物经历和评价，从而根据相关信息作出购买决策。这种信息的共享和传播进一步拉近了消费者与产品之间的距离，提升了购物的信任度和满意度。

传统销售模式面临着来自互联网的挑战。传统线下店面的高租金、人力成本

等问题出现，互联网时代消费者需求的多样化和市场环境的快速变化，面对这些挑战，企业销售模式必须进行转变和升级，充分利用互联网的力量实现线上线下融合，提供更加便捷、个性化的购物体验，才能在竞争激烈的市场中立于不败之地。

2. 直播带货的兴起

随着网络带宽的提升和移动互联网的普及，直播技术得到了广泛的应用和普及，为实时展示产品和进行互动销售提供了便利条件。互联网技术的不断进步使得直播过程更加流畅、稳定，同时用户体验也得到了极大的改善。消费者可以通过手机、平板电脑等移动设备随时随地观看直播，与主播进行实时互动。直播带货作为一种实时性强、互动性高的销售模式，能够在较短的时间内将产品展示给消费者，让消费者直观地了解产品特点和优势，从而极大地提高了购物的便利性和体验感。

（1）短视频平台的普及推动直播带货的发展

直播带货的兴起也受益于短视频平台的普及和影响力的增强。众多短视频平台，如抖音、快手等，提供了直播功能，并积极推动了直播带货的发展。这些短视频平台汇聚了大量的用户群体，主播可以通过在这些平台上直播，迅速积累粉丝和观众，建立个人品牌和影响力。通过短视频平台，主播能够与粉丝进行互动，分享生活、交流心情，从而增强了观众的黏性和忠诚度。这种直播带货模式更容易引起消费者的共鸣和认同，促进了产品的销售。

（2）打破传统销售模式的地域和渠道限制

直播带货还能够有效地打破传统的销售渠道和地域限制，实现线上线下的融合。传统的实体店面和超市受限于地理位置和面积，难以满足消费者的需求，而直播带货则可以通过直播平台观看产品展示和购买链接，实现直接下单购买。消费者不再受实体店面的地理位置和营业时间的影响，可以随时随地购买所需产品，极大地拓展了销售的市场空间。这种线上线下融合的销售模式不仅提高了销售的便利性，还为企业拓展了更广阔的市场空间，促进了销售的增长。

直播带货的兴起是互联网时代消费行为和商业模式变革的产物。其得益于技术进步、社交媒体的普及以及对传统销售模式的创新，为传统零售业带来了新的机遇和挑战。通过直播带货，企业可以与消费者建立更加直接、密切的联系，提高了销售的效率和用户体验，为商业发展开辟了新的路径。

（二）商业模式创新的意义

直播带货的崛起不仅是一种新的销售手段，更是对传统销售模式的颠覆和改变。它所带来的商业模式创新，深刻影响着企业的运营方式和市场竞争格局。直播带货打破了传统的线下销售模式的束缚，将销售活动搬上了线上平台，实现了线上线下的融合。传统的销售模式往往局限于实体店面或超市，而直播带货则通过互联网直播平台，将产品直接推送给消费者，打破了地域和空间的限制，使得消费者可以随时随地进行购物，大大提高了销售的便利性和灵活性。

直播带货创新了销售方式，提升了销售效率和用户体验。传统的销售模式往往需要消费者亲自前往实体店面购买商品，而直播带货则将产品展示和销售结合在一起，通过直播平台实时展示产品，与消费者进行互动销售。消费者可以在观看直播的过程中了解产品详情、提出疑问，并直接进行购买，省去了烦琐的选购过程，提高了购物的便利性和效率。同时，直播带货还提供了更加丰富的购物体验，消费者可以通过直播互动与主播交流、参与抽奖等活动，增强了用户参与感和满意度，从而提升了用户的忠诚度和复购率。

直播带货还为企业提供了全新的营销渠道和推广方式。通过直播平台，企业可以直接与消费者进行沟通和互动，建立起更加直接和密切的联系，了解消费者的需求和反馈，及时调整产品和营销策略，提高市场竞争力。同时，直播带货还能够为企业带来更多的曝光，通过主播的个人影响力和粉丝基础，吸引更多的消费者关注和购买，为企业的品牌建设和销售增长提供了有力支持。

直播带货的崛起不仅改变了传统的销售模式，更是一种商业模式的创新。它通过打破传统销售模式的束缚，实现了线上线下的融合，提升了销售效率和用户体验，为企业带来了全新的营销渠道和推广方式。随着直播带货的不断发展和普及，它将继续对传统零售业造成深远影响，成为未来发展的重要趋势之一。

二、商业模式创新

（一）利用直播平台展示产品

M公司充分利用直播平台展示其产品，通过直播形式向观众展示其产品线。在直播过程中，主播会详细介绍产品的原料来源、制作工艺、口味特点等相关信息，通过视频直播的形式将产品的真实场景呈现给观众，让消费者能够更加直观地了解产品的外观、口感和质量。

直播带货过程中的互动环节也是M公司展示产品的重要方式之一。主播会与观众进行实时互动，回答他们提出的问题，解决消费者的疑虑，增强消费者对产品的信任感。通过与观众的互动，M公司不仅能够及时了解消费者的反馈和需求，还可以直接向消费者传递品牌理念和价值观，建立起与消费者之间更加紧密的联系。

此外，直播带货还为M公司提供了一个直接促销的平台。在直播过程中，主播可以针对产品进行特别的促销活动，如限时优惠、折扣活动等，吸引消费者的购买兴趣。观众可以通过直播平台直接参与购买，点击链接或扫描二维码即可完成购买，极大地提高了购买的便利性和效率。

M公司利用直播平台展示产品，不仅为消费者提供了直观、全面的产品信息，增强了购买欲望和信任感，还为企业带来了销售增长的新机遇。通过直播带货，M公司成功地将传统的产品展示与现代的互动销售相结合，为产品推广和销售提供了全新的渠道和方式。

（二）实现互动销售

除了产品展示，M公司在直播过程中还注重与观众的互动销售。这种互动销售方式通过直播平台的聊天功能实现，主播与观众可以进行实时的交流和互动。在直播过程中，主播会积极回答观众提出的问题，解答他们的疑虑，从而增强了消费者对产品的信任感和购买的决心。主播还会根据观众的需求和反馈，进行个性化的产品推荐和销售引导，帮助观众更好地选择和购买产品。

互动销售的一个重要方式是在观众表达对某款产品的兴趣时，主播会立即提供购买链接或促销代码，引导观众进行购买。这种实时的销售引导能够有效地拉近产品与消费者之间的距离，增强了购买的决策的紧迫性。观众在直播过程中可以直接与主播进行沟通和交流，获取关于产品的详细信息、使用方法、价格优惠等，从而更加信任主播，更有可能进行购买。

此外，主播还会利用直播平台的互动功能，开展一些互动性强的活动，如抽奖、打卡、送礼物等，吸引观众的参与和关注，增强直播的趣味性和吸引力。这些互动活动不仅能够增加观众的参与度，还能够促进产品的销售，提高品牌的知名度和影响力。

互动销售是M公司在直播带货过程中的重要策略之一，通过与观众的实时互动和个性化销售引导，有效地促进了产品的销售，并提升了品牌形象和市场竞争力。这种直播带货的互动销售模式既满足了消费者对产品信息的需求，又增强了购买的决策性和紧迫性，为企业带来了丰厚的销售回报。

（三）取得显著的销售成绩

通过直播带货，M公司取得了显著的销售成绩，为企业的发展开辟了新的渠道和机遇。统计数据显示，在直播过程中，M公司的产品销量迅速增长，甚至出现了断货现象，彰显了消费者对其产品的高度认可和需求。这一成功的销售表现不仅是对产品本身质量的认可，也反映了直播带货作为一种新型销售模式的有效性和影响力。

除了直接的销售成绩外，直播带货还为M公司带来了巨大的营销曝光度。通过直播平台，M公司的产品得到了更广泛的展示和推广，吸引了大量观众的关注和参与。随着直播带货的不断推进，M公司的品牌知名度和美誉度也在逐步提升，为未来的品牌发展奠定了坚实的基础。这种通过直播带货获得的营销曝光度，远远超出了传统营销手段所能达到的范围，为企业在市场竞争中占据了有利位置。

M公司成功地抓住了直播带货的机遇，实现了产品销售的新突破。通过强调产品展示、互动销售以及获得的巨大营销曝光度，M公司为企业的发展开辟了新的渠道和机遇，为传统食品企业在互联网时代保持竞争力提供了有益的借鉴。

三、关键影响因素

（一）主播的影响力

主播在直播带货中展现了出色的销售能力，成为M公司直播带货的一大亮点。作为M公司的代表，主播以其独特的魅力和表现力，成功地推动了M公司产品的销售，并赢得了观众的认可和信任。她在直播中展现出的多方面优势使得她成了一个备受关注的主播，也为直播带货行业树立了典范。

第一，主播具有亲和力和互动性。在直播中，主播能够与观众建立起良好的沟通和互动，通过回答观众提出的问题、分享产品的使用心得等方式，与观众之间建立起了真实而密切的联系。她热情友好的态度让观众感受到了亲切和信任，从而更加愿意接受她的推荐和购买建议。

第二，主播具有专业的产品知识和销售技巧。作为M公司的创始人，她对产品的原料、制作工艺、口味特点等信息了如指掌，并能够以清晰明了的方式向观众介绍产品，引导他们进行购买。她的专业知识和销售技巧使得她在直播中能够有效地吸引观众的注意力，提高了产品的销售转化率。

第三，主播还展现出了出色的表现力和影响力。她能够在直播中自如地表达自己的情感和态度，通过真诚和自信的言辞吸引观众的注意力，从而增强了产品的吸引力和购买欲望。她的影响力不仅体现在产品销售成绩上，还体现在对品牌形象和市场影响力的提升上，为 M 公司赢得了更多的关注和认可。

主播在直播带货中展现了出色的销售能力，成为 M 公司直播带货的一大亮点。她的亲和力、专业性、表现力和影响力使得她成了一个备受关注的主播，也为直播带货行业树立了典范，为企业带来了可观的销售业绩和市场影响力。

（二）直播平台的技术支持

直播带货活动的成功与否在很大程度上取决于所选择的直播平台以及其提供的技术支持。直播平台的技术支持涵盖了多个方面，包括直播流畅性、画质清晰度、互动功能、支付安全等，这些因素直接影响着活动的效果和用户体验。

直播平台需要具备稳定流畅的直播功能。良好的直播平台应该能够确保直播过程中的流畅度和稳定性，避免出现卡顿、延迟等问题，保证观众能够顺利观看直播内容，提高用户的观看体验。直播平台的画质清晰度也至关重要。高清的画质能够为观众呈现更加清晰的产品展示，增强用户的视觉感受，提高产品的吸引力和购买欲望。因此，直播平台需要具备优秀的视频编码和传输技术，保证直播画面的清晰度和流畅度。

互动功能是直播平台的重要特点之一。良好的直播平台应该提供丰富多样的互动功能，包括弹幕评论、点赞送礼、抽奖互动等，可以有效增加观众的参与度和黏性，拉近主播与观众之间的距离，提高直播的互动性和趣味性。

直播平台还需要具备安全可靠的支付系统。直播带货活动通常会伴随着实时的产品购买环节，因此直播平台需要提供安全可靠的支付通道，确保用户的交易信息和资金安全，保护消费者的权益，提高用户对直播带货的信任度和购买的安全感。

除了以上方面，直播平台还需要具备便捷的用户界面和友好的操作体验，方便观众参与直播活动，购买产品，以及与主播进行互动。综合考虑以上因素，选择适合的直播平台并获得其良好的技术支持，是直播带货活动取得成功的关键影响因素之一。随着直播带货的不断发展和普及，相信直播平台将会不断完善和创新，为直播带货活动提供更加强大和稳定的技术支持，推动行业的进一步发展。

（三）互动销售策略

互动销售策略在直播带货活动中扮演着至关重要的角色，能够有效地增强观众的参与度和购买欲望，从而提升产品的销售效果。企业通过设置互动环节，与观众进行实时互动和交流，采用了多种互动销售策略，为直播带货活动注入了新的活力和趣味性。

第一，M公司通过抽奖活动激发了观众的参与热情。在直播带货过程中，M公司设置各种形式的抽奖环节，如幸运抽奖、转盘抽奖等，为观众提供参与的机会，并为他们带来意外的惊喜和乐趣。这种抽奖活动不仅能够吸引更多的观众关注直播内容，还能够激发他们的购买欲望，促进产品的销售。

第二，M公司还通过优惠活动引导观众进行购买。在直播过程中，M公司推出限时优惠、特价促销等优惠活动，为观众提供购买产品的实惠机会。这种优惠活动不仅能够吸引更多的观众参与直播，还能够促进观众的购买行为，提高销售额和订单量。

第三，M公司还设置互动问答环节，回答观众的问题并提供专业的产品介绍和购买建议。通过及时解答观众的疑问，M公司增加了观众对产品的了解和信任，提高其购买的决策性和信心。

综上所述，M公司通过设置互动环节，采用抽奖、优惠等多种互动销售策略，成功地促进了直播带货活动的开展，提升了用户参与度和购买欲望，为产品销售带来了新的增长点。这些互动销售策略不仅增强了直播带货活动的趣味性和互动性，还有效地推动了产品的销售，为企业的发展带来了良好的业绩表现。

第二节 大数据时代，电商平台创新

一、案例介绍

在互联网时代，电商行业蓬勃发展，社交电商逐渐崭露头角。P公司作为电商市场的新生力量，采用了农村包围城市的市场定位策略，通过结合社交分享和团购模式，快速吸引用户，成为电商领域的重要参与者。P公司以其独特的社交拼团模式和低价商品策略迅速崛起并成功登陆美国纳斯达克证券交易所。P公司的发展历程显示出良好的趋势，年收入和季收入持续上升，为普通消费者提供了物美价廉的商品和有趣的互动购物体验。

P公司的商业模式创新体现在两个方面：电商＋社交和农村包围城市。首先，P公司将社交网络与电商平台相结合，通过社交分享机制促进用户间的互动与分享，使得购物不再是单一的交易行为，而是一种社交体验。其次，P公司采用了农村包围城市的市场定位策略,从农村市场出发,向城市市场扩张,打破了传统电商的市场边界,创造了全新的市场格局。

二、商业模式创新

(一)电商+社交

P公司成功地利用了社交电商模式,实现了快速的用户增长和市场占有率的提升。其成功的关键在于独特的社交分享机制和低价商品策略,通过社交分享推广商品,吸引了大量用户的加入,并通过团购模式提供了更优惠的价格,进一步促进了销售。

P公司作为社交电商的代表之一,成功地运用了社交分享机制,为用户提供了一种全新的购物体验。这一机制的核心在于让用户通过社交平台分享商品链接给朋友或群组,从而扩大了商品的传播范围和影响力。这种分享行为不仅使商品获得了更广泛的曝光,还在一定程度上改变了传统电商模式下的购物过程。

第一,社交分享机制打破了传统电商中商品信息传播的局限性。在传统电商平台上,用户通常是通过搜索或广告等方式获得商品信息,这种信息获取方式相对单一且缺乏互动性。而在P公司这样的社交电商平台上,用户可以通过与朋友或群组分享商品链接的方式,将自己感兴趣的商品推荐给身边的人,从而使商品的传播范围大大扩展。这种口口相传的推广方式不仅更加自然和真实,还能够更好地触达潜在用户群体,提高商品的曝光度。

第二,社交分享机制丰富了购物过程中的社交互动。在传统电商平台上,用户购买商品往往是一个相对孤立的个体行为,缺乏与他人的交流和互动。而在P公司的平台上,用户可以通过分享商品链接与朋友或群组进行互动,分享购物心得、评价商品等内容,从而形成了一个更加丰富和有趣的社交购物环境。这种社交互动不仅增强了用户的参与感和归属感,还为购物体验增添了乐趣和情感色彩,提高了用户的满意度和忠诚度。

第三,社交分享机制促进了用户参与度和购买转化率的提升。在P公司的平台上,用户通过分享商品链接参与团购活动,不仅可以享受到更优惠的价格,还可以与朋友一起分享购物的乐趣。这种集体购买的方式不仅降低了用户的购买成本,还增加了购物的趣味性和互动性,从而激发了用户的购买欲望和参与热情。通过社交分享机制,P公司成功地吸引了大量用户的加入,实现了用户增长和销售额的提升。

（二）低价策略的实施

P公司通过实施低价策略，成功地吸引了大量用户的参与和购买，为其发展壮大提供了有力支撑。这一策略的核心在于通过拼团模式，让用户通过集体购买来享受更优惠的价格，从而促进了用户的参与和购买意愿的提升。

低价策略为用户带来了实惠和优惠的购物体验。在P公司的平台上，用户可以通过参与拼团活动，以更低的价格购买到自己喜欢的商品。这种低价策略有效地降低了用户的购买成本，使得用户在购物时能够享受到更多的实惠和优惠，从而吸引了更多用户的加入和参与。这种实惠的购物体验不仅提高了用户的满意度，还增强了用户对平台的忠诚度。

（三）与社交软件合作

P公司与社交软件合作，为其业务发展和用户增长提供了重要支持，促进了平台的快速壮大。

第一，带来了巨大的流量资源。A社交软件拥有庞大的用户基础。通过合作，P公司得以在社交平台上进行推广和营销，利用A社交软件流量资源实现用户的引流和裂变。A社交软件为P公司提供了广泛的曝光机会，吸引了大量用户的关注和加入，进而扩大了平台的用户规模和市场份额。

第二，用户体验更好。用户可以直接在A社交软件中搜索进入平台进行购物，无须切换应用或浏览器，省去了下载和安装的烦琐步骤，提高了用户的使用黏性和购物效率。

（四）农村包围城市

P公司以农村市场为基础，向城市市场扩张，采用了农村包围城市的市场定位策略。在中国，农村市场潜力巨大但传统电商往往忽视，而P公司通过向农村市场渗透，打造了自己的核心竞争优势，随后向城市市场拓展，形成了覆盖全国的销售网络。

1. 农村市场潜力与传统电商忽视

（1）农村市场潜力

中国农村市场具有巨大的潜力，这一市场的重要性不可忽视。首先，中国农村人口众多，占据着国家总人口的相当大比例。这意味着农村市场拥有庞大的消费群体和潜在的消费需求。随着中国城镇化进程的加速推进，农村地区的消费水平和消费需求也在不断提升，农村居民对生活品质和消费品质的需求也日益增长。

随着信息技术的普及和互联网的普及化，农村地区的信息不再受限于地理位置和交通条件，农村居民获取信息的渠道日益丰富多样。通过手机、电视、互联网等渠道，农村居民可以轻松获取到各种商品信息和消费资讯，这为农村市场的发展提供了有力支持。然而，尽管农村市场潜力巨大，但传统电商往往忽视了这一市场，主要集中在城市地区进行营销和拓展，未能充分挖掘农村市场的潜力和机遇。这导致了农村市场的发展缓慢和落后，许多农村居民无法享受到现代化的便利和优质的消费服务。因此，挖掘和开发农村市场潜力，满足农村居民的消费需求，已成为中国电商发展的重要方向之一。通过创新营销策略、建设物流配送网络、提升产品品质和服务质量等方式，电商企业可以更好地服务农村市场，实现双赢局面，促进农村经济的发展和社会的进步。

（2）传统电商的局限性

传统电商平台在中国电商领域占据着重要地位，然而，它们的发展往往受到了一些局限性的制约，特别是在农村市场方面。首先，传统电商平台主要聚焦于城市市场，对农村市场了解不足。由于农村地区的经济发展水平、消费习惯、文化背景等与城市地区存在较大差异，传统电商平台在了解和适应农村市场方面存在一定的困难。其次，农村地区的物流配送不便是传统电商面临的重要问题之一。相比于城市地区发达的物流网络和快递配送体系，农村地区的物流设施相对薄弱，导致传统电商平台难以保障农村居民的商品配送和送达速度。再者，农村地区的支付方式不便也是传统电商发展的一大挑战。由于农村地区金融服务水平相对落后，传统电商平台往往无法为农村居民提供便捷的支付手段和支付渠道，限制了他们的购物体验和消费意愿。此外，农村地区的网络覆盖和网络速度相对较差，也制约了传统电商在农村市场的发展。由于网络条件限制，农村居民可能无法流畅地浏览电商平台，无法享受到与城市居民同等的购物体验，这进一步阻碍了传统电商在农村地区的普及和发展。因此，传统电商平台需要在农村市场方面加大投入和布局，通过改善物流配送、拓展支付渠道、提升网络覆盖等方式，克服农村市场的各种挑战和障碍，实现在农村市场的可持续发展。

（3）农村市场的特点

农村市场的特点在很大程度上影响了营销策略和服务模式的制定和实施。农村市场的消费者通常具有价格敏感的特点。由于农村地区的居民收入水平普遍较低，他们更加注重商品的价格，更倾向于选择性价比较高的产品。因此，在农市场中,制定价格合理、性价比高的产品和服务,是吸引消费者的关键之一。此外,企业需要通过建立良好的品牌形象、提供优质的售后服务等方式来增强消费者的信任感,从而促进销售。另外,农村市场的消费者购买决策往往较为缓慢。相比于城市居民,农村居民更加谨慎和审慎,他们在做出购买决策之前往往会进行反复思考和比较,需要更多的时间来决定是否购买。因此,企业需要耐心细致地与农村消费者进行沟通和交流,提供详细的产品信息和专业的购买建议,帮助他们做出理性的购买决策。

2.P公司的市场策略

(1) 农村市场基础

P公司意识到农村市场的重要性,并采取了相应的战略来开发和利用这一市场。通过农村包围城市的市场定位策略,P公司成功实现了从农村到城市的全面渗透。

P公司认识到农村市场的巨大潜力,意识到农村地区的消费者同样渴望获取优质的商品和服务,因此积极进军这一市场,成为其成功的基础之一。

P公司通过深入调研和分析,了解到农村消费者更加注重价格、更为信任熟悉的品牌、购买决策更为谨慎等特点,因此针对性地制定了相应的营销策略和服务模式,以满足农村消费者的需求。

P公司通过农村包围城市的市场定位策略,实现了从农村到城市的全面渗透。P公司通过向农村市场渗透,打造了自己的核心竞争优势,随后向城市市场拓展,形成了覆盖全国的销售网络。这种市场定位策略不仅能够充分利用农村市场的潜力,还能够为P公司在城市市场的发展提供坚实的基础。

(2) 城市市场拓展

P公司在巩固农村市场地位后,积极展开了城市市场的拓展工作,采取了一系列措施逐步渗透到一、二线城市,实现了销售网络的全面覆盖。这一战略的实施是基于对城市市场潜力的深刻认识以及对消费者需求的精准把握。

P公司通过深入了解城市市场消费者的行为特点和购物偏好,针对性地调整了产品和服务。城市市场的消费者相对更加注重品质和品牌,因此P公司加大了对品质优良、具有特色的商品的推广力度,满足了城市消费者的需求。同时,P公司还不断优化了用户体验,提升了平台的品牌形象和口碑,在城市市场树立起了良好的品牌形象,赢得了更多城市消费者的信赖和青睐。

P公司充分利用了社交电商模式在城市市场的优势。城市市场消费者更加注重社交和互动体验，而P公司的社交电商模式恰好满足了这一需求。通过社交分享、拼团等活动，P公司吸引了更多城市消费者的关注和参与。

P公司通过精准的营销策略和强大的推广力度在城市市场树立了良好的品牌形象。P公司在城市市场开展了多样化的营销活动，包括线下广告、线上推广等，通过广告投放、明星代言等方式提升了品牌的知名度和美誉度。同时，P公司还加大了对城市市场的市场推广力度，通过抖音、微信等热门社交平台进行品牌推广，提升了品牌曝光度，吸引了更多城市消费者的关注和参与。

3.农村包围城市策略的实施效果

P公司凭借其农村包围城市的市场定位策略成功地扩大了市场份额，实现了在电商市场的突出地位。

首先，P公司在农村市场建立了坚实的基础。通过深入了解农村市场消费者的需求和行为特点，P公司针对性地提供了丰富多样的低价商品，并通过社交电商模式吸引了大量农村用户的加入。农村市场的潜力和特点使得P公司得以迅速发展，建立了庞大的用户群体和销售网络。

其次，P公司在城市市场也逐渐获得了认可和影响力。通过社交电商模式和精准的营销策略，P公司成功地吸引了越来越多的城市消费者的关注和参与。城市市场消费者对于品质和品牌的需求更为追求，而P公司不断优化产品品质和服务，满足了城市消费者的需求，提升了品牌知名度和美誉度。同时，P公司在城市市场加大了市场推广力度，通过线上线下广告、明星代言等方式提升了品牌的曝光度，加强了与城市消费者的联系和互动，进一步扩大了市场份额。

三、关键成功因素

（一）用户增长

用户快速增长是P公司成功的关键因素之一。随着用户规模的扩大，P公司的影响力和市场份额也相应增加，进而带动了销售额的增长和平台的发展。P公司通过社交分享机制实现了用户的快速增长和引流。用户在购买商品后通过社交平台分享给他人，形成了用户之间的传播效应，吸引更多新用户的加入，从而扩大了用户规模。

P公司以低价商品策略吸引用户，提供价格优惠的商品，满足了用户对实惠商品的需求，从而吸引了更多用户的加入和购买。

P公司通过裂变机制实现了用户的持续增长和引流。在拼单过程中，用户为了获得利益会积极参与推广，通过社交链传递流量，形成了一种"病毒式"营销模式，进一步促进了用户的增长和销售的提升。

（二）社交分享机制

P公司的社交分享机制允许用户在购买商品后通过社交平台分享给朋友或群组，从而引发他人的购买兴趣，实现了用户之间的传播效应。社交分享机制有效地放大了用户的影响力，通过用户之间的分享和推荐，商品信息可以快速传播，吸引了更多潜在用户的关注和参与。社交分享机制不仅促进了商品的销售，还提高了用户的参与度和互动性，增强了用户的黏性和忠诚度，为平台的长期发展奠定了基础。

（三）低价策略

P公司通过提供价格优惠的商品，满足了用户对实惠商品的需求，吸引了大量用户的加入和购买。低价策略成为P公司吸引用户的重要手段之一。

低价策略使得P公司具有价格优势，吸引了更多用户选择在P公司平台购物，提高了平台的用户规模和销售额。

低价策略不仅吸引了更多用户的加入，还提高了用户的满意度和购买体验，增强了用户对平台的信任和忠诚度，为平台的长期发展创造了良好的用户口碑。

第三节 大数据时代，传统线下书店商业模式创新

一、案例介绍

（一）×书店

1. X书店的起源和发展历程

X书店起源于一个小型民营书店。起初，X书店与其他民营独立书店相仿，但随着互联网的发展和图书电商的崛起，传统实体书店面临着生存挑战。因此，X书店不得不寻找新的发展机遇，逐渐转型为"2.0概念书店"。

2. X书店的转型策略

2008年，X书店在贵阳市开设了首家"书店+"新型阅读文化空间，将图书销售与咖啡馆、文创产品等多种业态相结合。此举旨在提升用户体验，突出线下

门店的优势。随后，X书店与商场合作，进驻热门购物中心，进一步扩大了影响力和市场份额。

3. X书店的商业模式创新

（1）大众精品书店

X书店在其经营策略中选择了一个独特的定位，将其定位为"大众精品书店"，并将目标客群瞄准于平时不会特地去书店购书的潜在顾客，即所谓的"随机读者"。这一定位的关键在于将书店置于购物中心等人流密集的地方，从而有效地缩短了书店与潜在客群之间的距离。这种战略性的位置选择能够吸引更多偶然经过的顾客，进而增加销售机会和潜在客户的转化率。

通过将书店置于购物中心等人流密集的地方，X书店能够更好地利用周边环境的优势，吸引更多顾客的注意。购物中心往往是人们日常活动的主要场所之一，吸引了大量的消费者流量。将书店置于这样的场所，意味着书店有了更多的曝光机会，更容易被顾客发现和进入。相比于传统的街边书店，购物中心内的书店具有更多的优势，如更高的客流量、更好的可见性等，这有利于书店吸引更多的顾客，并增加销售机会。

此外，X书店还通过选择"大众精品书店"的定位，迎合了大数据时代人们的消费习惯和需求。如今，人们的生活节奏越来越快，很多人已经没有时间专门去书店购书。因此，将书店置于购物中心等人流密集的地方，能够更好地满足人们碎片化阅读的需求，提供更为便捷的购书体验。这种大众化的书店定位，使得X书店能够吸引更广泛的客户群体，增加了书店的知名度和吸引力。

总的来说，X书店选择在购物中心打造"大众精品书店"的定位，充分利用了购物中心的人流优势和顾客消费习惯，成功地吸引了更多顾客的光顾和留驻，提升了书店的销售业绩和市场地位。

（2）精细化运营

X书店采用数字管理控制系统进行门店精细化运营，这一举措是为了以最高效率撬动顾客的心。这种精细化运营的核心在于通过数字化技术手段实现对门店经营情况的全面监控和数据分析，以便更好地了解顾客需求、灵活调整产品组合和促销策略，从而提高销售转化率。

数字管理控制系统为X书店提供了一种高效而精准的运营管理手段。通过系统收集和分析各项数据，包括顾客流量、购买行为、热门商品等信息，X书店可以深入了解顾客的喜好和购买习惯，及时做出相应的调整和优化。例如，系统可以实时监控各个商品的销售情况，分析出热销商品和滞销商品，为库存管理和采购提供参考依据；同时，还可以根据顾客的消费行为和偏好，推送个性化的促销活动和优惠信息，提高顾客的购买意愿和满意度。

数字化管理系统还帮助 X 书店进行精准营销和客户关系管理。通过对顾客数据的分析，X 书店建立起完整的顾客档案和消费记录，了解顾客的消费习惯和历史购买情况，从而实现精准营销和个性化服务。例如，系统可以根据顾客的购买历史和偏好，向其推荐相关的图书和产品，提高购买的精准度和效果；同时，还可以通过短信、邮件等方式与顾客保持沟通和互动，建立起良好的客户关系，增强顾客的忠诚度和复购率。

X 书店采用数字管理控制系统进行门店精细化运营，不仅提高了运营效率和管理水平，还能够更好地满足顾客需求，提升销售转化率和客户满意度，为书店的可持续发展奠定了坚实的基础。

4. X 书店的未来挑战与展望

尽管 X 书店已经取得了一定的成就，但未来仍然面临着来自市场竞争和电子商务的挑战。在当前数字化和电商快速发展的背景下，实体书店面临着日益严峻的竞争压力。电子商务平台的兴起使得消费者更加便利地获取图书和其他商品，而实体书店则需要面对高昂的租金、人工成本以及库存管理等方面的压力，这些都对其经营带来了挑战。

面对这些挑战，X 书店需要进一步加强品牌建设。品牌建设不仅可以增强 X 书店在消费者心目中的认知度和美誉度，还可以提升其市场竞争力。通过建立独特的品牌形象和文化氛围，X 书店可以吸引更多的顾客，并与其他竞争对手区别开来。另外，X 书店还需要提升服务品质。在消费者日益关注消费体验的今天，提供优质的服务已经成为吸引和保留顾客的重要手段。X 书店可以通过培训员工、改善服务流程和提升服务水平，为顾客提供更加满意的购物体验，从而提升顾客的忠诚度和口碑。

此外，X 书店还需要不断创新，以适应市场的变化和顾客需求的不断变化。创新可以体现在产品、营销、经营模式等多个方面。例如，可以引入更多的文化活动和特色体验，吸引顾客驻足和参与；可以通过数字化技术提升门店运营效率和管理水平，降低成本，提高竞争力。

总的来说，尽管X书店面临着挑战，但只要不断创新、提升服务品质和加强品牌建设，它仍然能够在激烈的市场竞争中保持竞争优势，实现可持续发展。

（二）Y书店

Y书店是中国一家知名的独立书店品牌，以其特色的空间设计、丰富多彩的文化活动和精心挑选的图书收藏而备受赞誉。Y书店以打造具有浓厚文化氛围的阅读空间为目标，成为社区文化交流的重要场所。同时，Y书店还致力于推动原创文化产品的发展，与艺术家、设计师合作推出独特的文创产品，为用户带来全新的购物体验。

1.Y书店的多样化阅读体验

（1）综合化的空间布局

Y书店所提出的"以人为核心"的空间布局理念是一种具有前瞻性的创新举措，旨在将空间设计与用户体验相融合，为顾客创造更加舒适、便利、多样化的阅读环境。这一理念的核心在于将用户置于整个设计的中心地位，通过精心规划和布局不同功能区域，满足顾客多样化的需求和期待，从而提升书店的吸引力和竞争力。

第一，Y书店通过设置阅读区、餐饮区、展览区、文创商品区等多个周边区域，实现了空间的多样化和综合化。阅读区提供了安静、舒适的环境，满足顾客专注阅读的需求；餐饮区则为顾客提供了休息、聚会的场所，使得顾客可以在品尝美食的同时享受阅读的乐趣；展览区则为顾客提供了文化艺术的欣赏空间，丰富了顾客的文化生活；文创商品区则为顾客提供了选择多样、具有文化内涵的商品，满足了顾客的购物需求。这种多样化的空间布局使得Y书店成为一个集阅读、休闲、文化艺术和购物于一体的综合性阅读空间。

第二，这种综合化的空间布局不仅吸引了更多的读者前来阅读，还拓展了书店的收入渠道，提升了其核心竞争力。通过引入餐饮区和文创商品区等附加服务，Y书店不仅提高了顾客的停留时间和消费意愿，还增加了书店的收入来源。顾客在阅读的同时可以品尝美食、欣赏艺术作品，甚至购买一些文创产品，这样的综合化服务不仅增加了顾客的满意度，也为书店创造了更多的商业机会。

Y书店所提出的综合化的空间布局理念，不仅为顾客提供了丰富多彩的阅读体验，也为书店的发展和经营带来了新的机遇和挑战。通过将用户体验置于核心地位，Y书店成功地打造了一个具有吸引力和竞争力的文化生活体验空间，为顾客提供了更加丰富、多样化的阅读服务。

（2）个性化的选品展陈

Y书店在展陈选品方面体现了独特的个性化策略，将图书陈列与文创产品巧妙地交织展示，为顾客创造了丰富多彩的阅读和购物体验。这种个性化的选品展陈策略不仅满足了顾客的个性化需求，也提升了书店的吸引力和竞争力。

第一，Y书店注重按兴趣和推荐度进行图书陈列，以确保读者能够更轻松地找到感兴趣的图书。通过大数据分析深入了解顾客的阅读偏好和需求，Y书店精心挑选和组织图书，将同一主题或类别的图书集中陈列在一起，为顾客提供更为方便快捷的阅读选择。这种按兴趣和推荐度进行图书陈列的策略，有助于提高顾客的阅读体验。

第二，Y书店还注重在不同区域展示不同主题的图书，以吸引更多读者的注意。通过在书店内设置不同主题的展示区域，如文学经典、科技前沿、艺术人文等，Y书店为顾客提供了多样化的阅读选择，满足了不同读者群体的阅读需求和兴趣。这种差异化的展示方式不仅能够吸引更多读者的目光，还能够促进读者之间的交流和分享，进一步活跃了书店的氛围和文化气息。

（3）差异化的门店风格

Y书店在门店风格的打造上积极践行着"连锁不复制"的品牌理念，通过注重每家门店的特色化和本土化，成功塑造了差异化的门店形象。这种差异化的门店风格不仅提升了书店的品牌形象，还增强了读者的归属感和认同感，为书店的发展和经营带来了积极的影响。

第一，Y书店注重结合所在地的文化和地域特点，打造不同风格的门店。在选址和设计上，Y书店充分考虑到当地的历史、文化、人文风情以及读者的偏好和需求，力求将每家门店打造成一个具有独特魅力和特色的文化空间。例如，在历史悠久的城市中心地带，Y书店可能选择传统文化建筑或现代艺术馆作为门店的落脚点，融合古老与现代的设计元素，营造出一种兼具传统与现代气息的独特风格。而在年轻人聚集的时尚商业区，Y书店则可能采用现代简约的设计风格，注重时尚感和活力感，以吸引更多的年轻读者。

第二，Y书店在门店的装修和布置上注重细节和个性化。通过精心设计的空间布局、特色装饰品和文化氛围营造，Y书店为顾客营造了一个舒适、温馨、有趣的阅读环境，让顾客在其中沉浸于阅读的乐趣。例如，书店内可能设置有舒适的阅读区、温馨的咖啡角、别具特色的文创产品区等，为顾客提供多样化的阅读体验和购物选择。

2. Y书店的多向化用户黏度

（1）联结人与文化

Y书店以其丰富的图书选购和多样的文化活动，成功地构建了人与文化之间的紧密联系。通过这些举措，书店不仅成为一个传播文化、交流思想的场所，也成为社区中的文化中心，为人们提供了丰富多彩的文化体验和社交平台。

第一，Y书店通过精心策划和举办各类文化活动，促进了人们之间的交流与互动。例如，定期举办的读书分享会、作家签售会等文化活动吸引了众多读者和文化爱好者的参与，让他们有机会与作家、学者等文化界人士面对面交流、深度探讨，从而促进了知识的传播和共享。这种交流与互动不仅丰富了人们的精神生活，还拓展了他们的社交圈子，增强了社区的凝聚力和活力。

第二，Y书店通过丰富多样的图书选购，激发了人们对文化的兴趣和热爱。书店内涵盖了各个领域的图书，包括文学、历史、艺术、哲学等，满足了不同读者的阅读需求和兴趣爱好。读者们可以在这里畅游于书海，感受知识的魅力，探索不同文化背景下的智慧和思想。这种丰富的图书选择不仅拓展了读者的视野，还培养了他们的审美情趣和文化素养，促进了个体的全面发展和成长。

（2）联结人与生活

Y书店以其独特的经营理念和丰富的创新举措，成功地将人们与生活联系在一起。除了提供丰富的阅读资源外，Y书店还充分利用书店空间，与各种生活场景相结合，为读者打造了一个融合阅读与生活的综合体验。

第一，Y书店在店内设置了茶餐厅、花艺馆、画廊等多种业态，将阅读空间与生活场景巧妙地融合在一起。这种布局设计不仅为读者提供了阅读的舒适环境，还满足了他们在书店中寻找休闲、品茶聊天、欣赏艺术的需求。读者们可以在书店中一边品味着书香，一边品尝美食，感受花香和艺术的氛围，融入书店所营造的生活氛围中。

第二，进一步细分了目标消费群体，满足了不同人群的需求。通过这些子品牌的设立，Y书店能够更精准地定位和服务不同的读者群体，为他们提供更加个性化、专属化的阅读和生活体验。这种细分化经营策略不仅增强了用户的黏度，还拓展了书店的业务范围，提升了品牌的影响力和竞争力。

Y 书店通过与生活场景的巧妙连接和子品牌的精细运营，成功地将人们与生活紧密联系在一起。这种联系不仅丰富了读者的阅读体验，还为他们提供了更加丰富多彩的生活方式和社交空间。Y 书店作为一个文化与生活交融的平台，将继续发挥其重要作用，为人们创造更美好的阅读与生活体验。

（3）联结人与人

Y 书店不仅仅是一个提供图书销售的场所，更是一个促进人与人之间交流互动的社会平台。通过以书籍为媒介，书店创造了一个亲近、开放的环境，为人们搭建了交流的桥梁，从而加强了社会联系和人际关系的建立。

第一，Y 书店定期举办各类文化沙龙、活动演讲会以及线下活动，吸引了大量的读者和文化爱好者参与其中。这些活动不仅提供了一个共同的话题和平台，也为陌生人之间的交流打开了方便之门。在这些活动中，读者们可以倾听专家学者的讲解，分享自己的观点和经历，交流彼此的感受和见解，从而促进了人与人之间的交流和互动。

第二，Y 书店通过创新的活动形式，如"图书漂流瓶"等方式，鼓励读者在书店内相遇并展开交流。通过将一本书放置在书店中某个角落，并附上读者的留言，其他读者可以在发现这本书时阅读留言，与留言者进行沟通交流，甚至与之结交为朋友。这种互动方式不仅增加了读者在书店中的停留时间，也促进了陌生人之间的交往和了解，加深了人际关系。

Y 书店以其独特的商业模式和创新的经营理念，在大数据时代成功地实现了实体书店的转型与升级。通过打造多样化的阅读体验、建立多向化的用户黏度，Y 书店不仅赢得了读者的青睐，还成为当地的文化地标和社交场所。未来，随着数字阅读的不断普及和新兴科技的发展，Y 书店将继续探索创新，致力于为读者提供更加丰富多元的阅读体验，成为文化传承与交流的重要平台。

二、商业模式创新

（一）结合线下书店与文化娱乐、生活方式等元素

1. 咖啡厅与阅读空间的融合

传统书店往往只提供图书销售，而现代书店则将咖啡厅与阅读空间融合，为顾客提供了更加舒适的阅读环境。这种融合使得顾客可以在品尝咖啡的同时阅读图书，享受愉悦的阅读体验。

2. 展览空间的引入

现代书店还引入了展览空间，定期举办各类主题展览，如艺术展、摄影展、手工艺品展等，丰富了书店的文化氛围，吸引了更多的文艺青年和知识爱好者前来参观。这种文化活动不仅吸引了顾客的注意，也为书店带来了更多的流量和消费。

3. 文创产品店的设立

为了增加收入来源和提升用户体验，现代书店还经常设立文创产品店，销售与书籍相关的文化创意产品。这些产品可能包括书店的周边商品、文具用品、纪念品等，为顾客提供了更多选择，并增加了书店的盈利点。Y书店的文创品牌"不二生活文创"就是一个成功的案例，它推出了许多与文化艺术相关的创意产品，深受顾客喜爱。

（二）提升用户体验

1. 布局设计的优化

现代书店在布局设计方面进行了优化，打破了传统书店单一的售书空间格局，创造出更加开放、宽敞的阅读环境。例如，Y书店在空间设计上将图书展示区、阅读区、餐饮区、展览区等有机地融合在一起，形成了多功能、多样化的空间布局，为顾客提供了更加丰富的阅读体验。

2. 产品选择的精准

现代书店在产品选择方面也进行了精准的定位，根据不同顾客群体的需求和喜好，精选出符合市场趋势和顾客口味的图书和文化产品。通过数据分析和市场调研，书店能够更好地了解顾客的需求，提供他们感兴趣的产品，提升了用户的满意度和购买欲望。

3. 服务方式的创新

现代书店还在服务方式上进行了创新，通过提供个性化、定制化的服务，满足顾客的个性化需求。例如，一些书店提供了会员制度，为会员提供更多优惠和特权；还有些书店提供了线上预订、线下取货的服务，方便顾客购书。这些创新的服务方式提升了顾客的购物体验，增加了他们的忠诚度。

以上是现代书店在商业模式创新方面的一些实践和经验，这些创新举措不仅丰富了书店的业态，提升了用户体验，也为书店的可持续发展打下了坚实的基础。

三、关键成功因素

（一）多元化业务模式

1. 拓展产品线

书店成功实现多元化业务模式的关键之一是拓展产品线。除了销售图书，它们还提供了各种文化衍生品，如文具、手工艺品、艺术品等，满足了顾客多样化的消费需求。这种多元化的产品线不仅扩大了店铺的销售范围，还增加了顾客在店内停留时间和消费金额。

2. 提供文化活动服务

除了商品销售，在大数据时代，书店还通过举办各种文化活动服务，如读书会、艺术展览、讲座等，吸引了更多的顾客光顾线下门店。这些文化活动不仅增加了店铺的知名度和吸引力，还为顾客提供了与他人分享、交流的机会，提升了顾客的购物体验和忠诚度。

3. 提供场所租赁服务

另一个成功的关键是提供场所租赁服务。书店将自己的店铺空间租给其他机构或个人举办各种文化活动、展览、派对等，不仅为店铺增加了额外的收入，还将店铺打造成了一个文化生活的交流中心，吸引了更多的顾客。

（二）文化活动策划

1. 多样化活动内容

成功的文化活动策划不仅要有吸引力，还要具有多样性。书店通过丰富多彩的活动内容，如文学讲座、音乐演出、艺术展览等，吸引了不同兴趣爱好的顾客参与，提升了店铺的知名度和影响力。

2. 专业的活动组织

成功的文化活动策划还需要有专业的组织和执行团队。书店拥有经验丰富的活动策划团队，他们能够根据店铺的定位和顾客的需求，精心策划各种主题的文化活动，并确保活动的顺利进行，提升了顾客的参与度和满意度。

通过以上关键成功因素的实践和落地，书店品牌成功地打造了具有吸引力和竞争力的文化生活体验空间，为用户提供了丰富多彩的文化消费体验，成为当地文化生活的重要组成部分。

第四节 大数据时代，人工智能技术发展：AIGC新产品

一、案例介绍

（一）百度的文心一言

1. 百度文心一言的发展历程

百度文心一言的核心技术基于人工智能技术和大数据分析算法。它通过对用户的搜索历史、兴趣爱好、社交媒体行为等数据进行分析，提供个性化的创意主题和创作方向。这种个性化的服务模式吸引了大量用户的关注和使用。

在过去的几年中，百度文心一言不断进行技术升级和产品优化。从最初的版本1.0开始，经过近四年的积累和发展，到2023年3月全球首次发布了知识增强大语言模型文心一言。这一版本的发布标志着百度在预训练模型研发领域取得了重要突破，为用户提供了更加智能化、个性化的服务。

2. 百度文心一言的技术创新

百度文心一言的成功离不开其在技术方面的不断创新。首先，百度文心一言基于深度学习技术，利用了大规模数据的训练，使得其在语言理解和生成方面具备了强大的能力。其次，百度文心一言在模型结构和算法优化方面进行了持续的改进和升级，不断提升了模型的性能和效果。最后，百度文心一言在应用场景和功能拓展方面也进行了探索和创新，不断丰富和完善了产品的功能和服务。

3. 百度文心一言的用户体验设计

百度文心一言注重用户体验设计，致力于为用户提供便捷、智能、个性化的服务。百度文心一言通过用户界面设计和操作流程优化，使得用户能够轻松上手并快速上手。百度文心一言通过个性化推荐和智能化服务，满足了用户不同的需求和偏好，提升了用户的满意度和忠诚度。百度文心一言不断收集和分析用户反馈，及时调整和优化产品功能和服务，保持了产品的竞争优势和市场地位。

（二）ChatGPT

OpenAI是一家专注于人工智能研究的实验室，其使命在于推动人工智能技术的发展和应用。在其广泛的产品和服务中，涵盖了自然语言处理、图像识别、

智能决策等多个领域。其中，最为著名的产品之一是 ChatGPT 系列，尤其是 GPT-3 这一巨型语言模型。GPT-3 以其强大的文本生成和理解能力而闻名，被广泛应用于各种场景，如文本生成、智能对话、自动摘要等。

GPT-3 作为 OpenAI 的旗舰产品，具有许多令人印象深刻的特点。它是目前为止规模最大的预训练语言模型之一，拥有数十亿个参数。大数据时代这种巨大的规模使得 GPT-3 能够从海量的文本数据中学习到丰富的语言知识，并能够生成高质量的文本内容。GPT-3 能够处理各种不同类型的任务和语境，包括文本生成、问题回答、情感分析等。这种通用性使得 GPT-3 成为许多应用领域的首选工具之一。

除了 GPT-3 外，OpenAI 还推出了许多其他颇具影响力的产品和项目。例如，它的图像识别技术在计算机视觉领域取得了显著的进展，能够准确识别和理解图像中的对象和场景。此外，OpenAI 还在智能决策和自动化领域进行了深入研究，致力于开发能够自主进行决策和执行任务的智能系统。

在商业应用方面，OpenAI 的产品和技术被广泛应用于各种领域。例如，在教育领域，GPT-3 被用于开发智能教学助手，能够根据学生的学习需求和水平，提供个性化的学习建议和辅导。在医疗保健领域，OpenAI 的自然语言处理技术被用于开发医疗文档自动摘要系统，能够快速准确地提取医疗文档中的关键信息，为医生提供决策支持。在金融领域，OpenAI 的智能决策技术被用于开发智能投资顾问系统，能够分析市场数据和趋势，为投资者提供智能化的投资建议。

（三）Sora

作为新一代大型视觉模型，Sora 实现了从"可用"到"好用"的飞跃，其背后蕴含着迈向通用人工智能的潜力和可能性。Sora 的出现标志着人工智能的一次重大升级。Sora 的意义在于，它将大众内容生产从文本形式升维到影像。Sora 的出现将推动人类的认知、学习和沟通进入全新的场景体验时代，为人们提供更加丰富的体验。

二、商业模式创新

（一）技术驱动的产品开发

这些新产品的商业模式创新在技术驱动的产品开发方面展现出显著特征。以人工智能和大数据技术为核心，这些产品通过不断的技术创新和算法优化，提供了智能化、个性化的服务和体验。百度的文心一言、OpenAI 和 Sora 等产品都是典型代表，它们利用先进的技术手段，实现了对用户需求的精准理解和个性化响应，满足了用户对智能化产品的迫切需求。

在这些产品中，人工智能技术起着至关重要的作用。例如，百度的文心一言大模型基于深度学习技术，对海量数据进行学习和训练，从而具备了强大的文本生成和理解能力。OpenAI 的 GPT 系列模型也是基于深度学习技术，通过对大规模文本数据的学习，实现了对自然语言的理解和生成。

这种技术驱动的产品开发模式使得这些产品能够更好地满足用户的需求，提升用户体验，从而赢得市场竞争优势。同时，持续的技术创新和算法优化也为这些产品的不断发展提供了坚实的技术支撑。

（二）平台化的商业模式

这些新产品往往采用平台化的商业模式运营，通过开放接口和生态系统建设，吸引更多的合作伙伴和开发者参与，实现商业价值的最大化。

以 OpenAI 的 GPT 系列模型为例，它不仅提供自身的核心功能和服务，还通过开放 API 接口，吸引了众多开发者和合作伙伴，拓展了产品的应用场景和服务范围。Sora 应用也通过平台化的商业模式，吸引了众多开发者参与，丰富了应用生态系统，提升了产品的价值和影响力。

这种平台化的商业模式不仅促进了产品的快速发展和迭代，还有助于构建更加完善和健康的生态系统，实现了商业价值的持续增长。同时，平台化的商业模式也为更多的合作伙伴和开发者提供了参与和创新的机会，推动了整个行业的发展和进步。

三、关键成功因素

（一）技术创新

技术创新是这些产品取得成功的关键因素之一。它们基于最新的人工智能和大数据技术，不断进行技术创新和算法优化，以实现对用户需求的智能化理解和响应。例如，百度的文心一言利用深度学习技术和大规模数据训练的模型，实现了强大的文本生成和理解能力，为用户提供个性化的创意主题和创作方向。OpenAI 的 GPT 系列模型也是基于深度学习技术，通过对大量文本数据的学习，实现了对自然语言的理解和生成，为用户提供了智能对话和自动摘要等功能。这种技术创新不仅提升了产品的智能化水平,还为用户带来了更优质的使用体验,从而赢得了市场竞争的优势。

(二)市场推广策略

除了技术创新和用户体验设计,有效的市场推广策略也是关键成功因素之一。这些产品通过多种渠道和方式,如社交媒体、线下活动、合作推广等,增强了产品的曝光度和影响力,吸引了更多的用户和合作伙伴。例如,百度的文心一言通过举办技术大会、发布会等线下活动,加强了产品的品牌知名度和影响力。OpenAI 的 GPT 系列模型则通过开放 API 接口,吸引了众多开发者和合作伙伴参与,拓展了产品的应用场景和服务范围。Sora 应用也通过社交媒体和合作推广,扩大了产品的用户群体和市场份额。这种市场推广策略的有效执行,为产品的推广和营销提供了有力支持,助力产品的快速发展和市场占有率的提升。

第五节　大数据时代,相关领域新产品创新

一、案例介绍

在当今数字化时代,博物馆作为文化遗产的守护者和传播者,正面临着前所未有的挑战和机遇。通过文创产品的开发,博物馆成功地利用了大数据技术和互联网平台,拓展了文化产品的传播渠道,吸引了更多的用户关注。传统的文化传播方式已经逐渐失去对现代人的吸引力,而博物馆作为传统文化的代表之一,不得不寻求新的发展路径。文创产品的出现,不仅是对传统文化的延续和创新,也是博物馆走向大众、增加社会影响力的重要途径。

博物馆通过文创产品的开发,将原本静止的文物和展览内容赋予了新的生命和价值。通过结合大数据技术和互联网平台,博物馆可以更加精准地了解用户的需求和兴趣,为其量身定制符合个性化需求的文化产品。这些文创产品不仅可以在博物馆中进行线下销售,还可以通过线上平台进行推广和销售,实现了线上线下的融合。

在这个过程中,博物馆不仅仅是文化的传播者,更是创意和科技的结合者。博物馆的文创产品不仅包括传统的纪念品和文化衍生品,还包括数字化的文化体验产品,如虚拟实境展览、数字化艺术作品等。这些产品不仅具有观赏性和收藏

性,更重要的是提供了与传统文化互动的新方式,吸引了更多年轻人和新一代用户的关注和参与。

二、商业模式创新

(一)利用文化资源开发文创产品

博物馆作为文化的守护者和传播者,拥有丰富的历史文物、艺术品和展览内容等文化资源。这些资源是人类文明和历史的见证,承载着丰富的文化内涵和精神价值。通过对这些文化资源的深入挖掘和研究,可以发现其中蕴含的独特文化元素、历史故事以及艺术价值。

博物馆拥有丰富多样的历史文物,如古代器物、文献档案、古代建筑等,这些文物承载着古代文明的记忆和智慧,反映了不同历史时期的社会风貌和文化特征。通过对这些历史文物的研究和展示,可以让人们更加深入地了解历史的发展和演变过程,增进对传统文化的认识和理解。

博物馆还举办各种丰富多彩的展览和文化活动,如主题展览、讲座、学术研讨会等。这些展览和活动不仅可以展示博物馆的藏品和研究成果,还可以引领观众走进历史的长廊,感受文化的魅力。通过这些展览和活动,博物馆可以拓展文化产品的传播渠道,吸引更多的观众和用户关注,提升文化产品的影响力和知名度。

博物馆作为文化资源的守护者和传播者,具有丰富多样的文化遗产和历史积淀。基于这些文化资源,可以开发出具有独特文化特色的文创产品,为用户提供更加丰富多彩的文化体验和购物选择。

文化衍生品是开发具有独特文化特色的重要方式之一。这些衍生品可以以博物馆所藏历史人物、历史事件、传统手工艺等为主题,通过创意设计和加工加工制作而成。例如,以历史人物为原型设计的文化衍生品,如纪念品、文化衫、玩偶等。

博物馆所展出的艺术品、展览内容以及文物资料等都可以作为设计灵感的来源。设计师可以从中汲取灵感,设计出符合文化特色的创意产品。例如,以博物馆中某一展品的图案或主题为设计元素,设计出独特的文化衣服、文化家居用品、文化配饰等。这些产品不仅可以展现博物馆的独特文化魅力,还能够满足用户对个性化、艺术性商品的追求,提升用户的购买体验和满意度。

博物馆开发的文创产品不仅仅局限于在实体店铺销售,还可以通过线上渠道进行销售。这种线上线下的结合不仅为用户提供了更加全面和便捷的购物方式。

第一,通过线上平台,用户可以轻松了解到博物馆推出的文创产品信息。在博物馆的官方网站、社交媒体平台或电子商务平台上,用户可以浏览到各类文创产品的介绍、价格、相关活动等信息。这为用户提供了一个便捷地获取信息和了解产品的途径,使他们可以在家中就能够对产品进行初步的了解和筛选,节约了他们前往实体店铺的时间成本。

第二,线上渠道也为用户提供了更加便利的购买途径。用户可以在博物馆的官方网站或第三方电商平台上直接进行购买,无须前往实体店铺,节省了购物的时间和精力成本。而且,在线购物还可以享受到更加灵活的支付方式、快捷的配送服务等优势,提升了用户的购物体验。

然而,线上购物无法完全替代实体店铺的文化体验。因此,博物馆还可以通过实体店铺提供丰富的文化体验。用户可以在店内实际触摸、感受文创产品的质地和工艺,了解更多产品背后的文化故事和传承。同时,博物馆还可以通过举办文化沙龙、讲座、展览等活动,为用户提供更加丰富和深入的文化体验,吸引他们前往实体店铺参与活动,增强用户的互动性和参与感。

(二)互联网平台销售和推广

1. 建立电子商务平台

为了拓展文创产品的销售渠道并提供更便捷的购物体验,博物馆可以建立专门的电子商务平台。这一平台将成为博物馆文创产品的在线展示和销售中心,为用户提供了一种全新的购物方式。

首先,电子商务平台为用户提供了方便的浏览和购买渠道。用户可以通过PC端或移动设备访问博物馆的电子商务网站,随时随地浏览各类文创产品的详细信息,包括产品介绍、价格、材质、尺寸等。他们可以在不受时间和地点限制的情况下,自由地浏览和选择感兴趣的产品,大大提高了购物的便利性和灵活性。

其次,电子商务平台提供了安全、便捷的在线购买渠道。用户可以通过电子商务平台选择心仪的文创产品,并进行在线下单支付。平台通常提供多种支付方式,如支付宝、微信支付、银行卡支付等,用户可以根据自己的喜好和习惯选择适合的支付方式进行结算。一旦订单完成支付,博物馆将安排快递公司为用户配送商品,实现了购物的便捷和快捷。

除了购物功能,电子商务平台还可以提供其他增值服务。例如,用户可以在平台上了解到最新的文化活动、展览信息、导览服务等，为他们提供更全面的博物馆参观体验。此外，平台还可以设置用户评价和反馈功能，让用户分享购物体验、提出建议和意见，帮助博物馆更好地了解用户需求，改进产品和服务质量。

2. 合作线上销售渠道

博物馆在推广文创产品时，可以通过与其他知名电商平台或线上销售渠道展开合作，以拓展其覆盖范围并吸引更广泛的用户群体。通过与电商平台合作，博物馆能够利用这些平台已经建立起来的大规模用户基础，以及其成熟的销售网络，进一步提升文创产品的曝光度和销售量。这种合作不仅可以帮助博物馆实现销售目标，还可以增强其品牌影响力和可持续发展能力。合作还可以帮助博物馆更好地进行产品定位、市场推广和销售策略制定。总之，与知名电商平台或线上销售渠道展开合作，对于博物馆推广文创产品具有重要意义，可以为其带来更多的机遇和发展空间。

3. 社交媒体推广

博物馆在推广文创产品方面可以充分利用社交媒体平台的力量。通过社交媒体，博物馆能够以更为直接、互动的方式与用户进行沟通和交流。发布文创产品的相关内容、故事和活动是社交媒体推广的重要手段之一。通过在社交媒体上分享产品的设计理念、制作过程、背后的历史故事或文化内涵，能够吸引消费者进一步了解和购买文创产品。此外，博物馆还可以通过社交媒体平台举办各类线上活动，如网络直播、线上讲座、虚拟展览等，与用户进行实时互动，提供更丰富的参与体验。这种互动形式能够拉近博物馆与用户之间的距离，增强用户的参与感和忠诚度，促进品牌的传播和产品的销售。同时，社交媒体平台还提供了便捷的分享功能，用户可以轻松地将自己喜欢的产品或活动分享给自己的朋友和粉丝，从而扩大产品的影响力和传播范围。总的来说，社交媒体是博物馆推广文创产品的重要渠道之一，通过巧妙运用社交媒体平台，博物馆能够更好地吸引用户、提升品牌知名度、增加销售量，实现文创产品的良性发展。

三、关键成功因素

（一）文化资源开发能力

1. 丰富的文化资源

作为文化机构，博物馆所拥有的丰富文化资源，包括文物藏品、历史档案以及各种艺术品等，是文创产品开发的宝贵基础和不可或缺的重要资产。这些珍贵的文化资源不仅承载着深厚的历史内涵和文化底蕴,更是激发创意、设计和制作的灵感源泉。文物藏品所蕴含的历史记忆和文化精神,为文创产品赋予了独特的文化内涵和深刻的意义。从古代传统工艺到现代创新设计,博物馆的文化资源可以为文创产品提供丰富多样的素材和灵感,使其更具创意和个性化。同时,这些文化资源还能够为产品赋予真实的历史背景和故事情节,增加产品的情感价值和吸引力。通过将博物馆的文化资源与现代设计相结合,可以打造出富有创意、品质优良的文创产品,满足不同消费者群体的需求和品味。因此,博物馆作为文化机构所拥有的丰富文化资源,对于文创产品的开发和推广具有重要意义,不仅可以提升产品的品质和竞争力,更能够传承和弘扬文化遗产,促进文化创意产业的繁荣发展。

2. 跨界合作和创新应用

博物馆在发展文创产品时可以积极进行跨界合作,尤其是与艺术家、设计师以及文创机构等各领域的专业人士合作。这种跨界合作能够将博物馆的丰富文化资源与现代设计相结合,为文创产品的开发与创新注入新的活力与灵感。通过与艺术家的合作,博物馆可以引入艺术创作的独特视角和表现方式,使得文创产品更具艺术性和观赏性。艺术家们常常能够通过对文物的重新诠释和创造性的加工,为产品赋予全新的艺术内涵和审美价值。与设计师的合作则能够将现代设计理念与传统文化元素相融合,创造出具有时尚感和实用性的文创产品,满足现代消费者的审美需求和生活方式。此外,与文创机构的合作也是一个重要途径,这些机构通常拥有丰富的市场经验和渠道资源,能够为博物馆提供专业的设计、制作和营销支持,帮助文创产品更好地融入市场并获得更广泛的认可和欢迎。

跨界合作为博物馆开发文创产品提供了广阔的空间和丰富的可能性,通过不同领域专业人士的共同努力,可以为文创产品注入更多的创新元素和艺术价值,提升产品的市场竞争力和影响力,推动文化创意产业的持续发展。

(二)线上销售渠道建设

1. 建立专业电商平台

建立专业的电子商务平台是博物馆开展文创产品销售的重要举措之一。这样的平台不仅能够为用户提供方便快捷的在线购物服务,还可以有效地促进文创产品的推广和销售。在建立专业电商平台时,博物馆需要考虑以下几个方面。

(1)平台的功能和体验

专业的电商平台需要具备完善的功能，包括用户注册登录、商品展示、购物车管理、订单处理、支付结算等功能，确保用户可以顺畅地完成购物流程。同时，平台的用户界面设计也至关重要，需要简洁清晰、易于操作，提供良好的用户体验，吸引用户的使用和留存。

（2）平台的技术和安全性

博物馆需要选择可靠的电商平台建设技术和合作伙伴，确保平台的稳定性和安全性。这包括平台的服务器托管、网站防护、数据加密等技术措施，以保护用户的个人信息和交易安全。

（3）平台的内容和产品

博物馆需要精心策划平台的内容和产品，确保展示的文创产品符合博物馆的文化品位和主题特色。同时，还可以通过多样化的产品组合和定期更新，吸引用户的关注和购买欲望。

（4）平台的营销和推广

建立电商平台后，博物馆需要通过多种渠道和方式进行平台的营销和推广，包括搜索引擎优化（SEO）、社交媒体推广、线上广告投放等，提高平台的曝光度和用户的访问量。

（5）平台的售后服务

博物馆需要建立完善的售后服务体系，及时响应用户的咨询和投诉，解决用户在购物过程中遇到的问题，提升用户的购物体验和满意度，提高用户的忠诚度和复购率。

2. 拓展线上销售渠道

除了自建电商平台外，博物馆可以通过与第三方电商平台合作，拓展线上销售渠道。这种合作可以带来多方面的好处。如借助其庞大的用户基础和成熟的销售渠道，使得博物馆的文创产品能够被更多的用户所知晓和购买。成熟的电商平台通常拥有强大的推广能力和广告资源，能够帮助博物馆的产品获得更多的曝光和关注度，从而提高销售量和品牌知名度。

与第三方电商平台合作也可以减少博物馆在电商运营方面的成本和风险。自建电商平台需要投入大量的人力、物力和财力来进行技术开发、运营管理等工作，而与成熟的电商平台合作则可以节省这部分成本，并且能够借助平台已有的技术和资源，更快地实现文创产品的上线和销售。

与第三方电商平台合作还能够获得更加专业的服务支持。成熟的电商平台通常具有完善的售后服务体系和客户支持团队，能够为博物馆提供更加专业和便捷的服务，保障用户的购物体验和售后需求。

通过与第三方电商平台合作，博物馆还能够获得更多的数据支持和分析。成熟的电商平台通常拥有强大的数据分析能力，能够为博物馆提供用户行为数据、销售数据等方面的分析报告，帮助博物馆更好地了解用户需求和市场趋势，调整产品策略和销售策略，提升销售业绩和用户满意度。

3. 优化用户体验

在线销售渠道的建设必须以优化用户体验为重点。博物馆可以通过多种方式来提升用户在电商平台上的购物体验，从而增加用户的购买意愿和满意度。

第一，网站界面设计至关重要。博物馆应该设计简洁清晰、美观大方的网站界面，使用户能够轻松找到他们感兴趣的产品，并且提供直观易懂的导航和搜索功能，方便用户浏览和购买。

第二，页面加载速度是影响用户体验的重要因素之一。博物馆需要确保电商平台的页面加载速度快速稳定，避免用户因加载缓慢而流失。采用优化网站代码、图片压缩、CDN 加速等技术手段可以有效提高页面加载速度。

第三，支付安全性也是用户体验的关键点之一。博物馆需要采取多种安全措施，如采用 SSL 加密传输、支持多种支付方式、提供实时订单跟踪等，以确保用户的支付过程安全可靠，增强用户的信任感和购买欲望。

第四，大数据时代博物馆还可以通过个性化推荐、购物指南、用户评价等方式提升用户体验。个性化推荐可以根据用户的历史购买记录和浏览行为，推荐符合其兴趣和需求的产品；购物指南可以为用户提供购物建议和指导，帮助他们做出更好的购买决策；用户评价则可以让其他用户了解产品的真实情况。

参考文献

[1] 郝生宾，于渤，王瑜．新创企业市场导向对产品创新绩效的影响机制[J]．管理科学，2018，31（5）：84-96．

[2] 丁雪辰，柳卸林．大数据时代企业创新管理变革的分析框架[J]．科研管理，2018，39（12）：1-9．

[3] 杨善林，周开乐．大数据中的管理问题：基于大数据的资源观[J]．管理科学学报，2015，18（5）：1-8．

[4] 刘业政，孙见山，姜元春，等．大数据的价值发现：4C模型[J]．管理世界，2020，36（2）：129-138+223．

[5] 程刚，李敏．企业大数据能力培育机制研究[J]．现代情报，2014，34（3）：7-11．

[6] 谢卫红，李忠顺，苏芳，等．高管支持、大数据能力与商业模式创新[J]．研究与发展管理，2018，30（4）：152-162．

[7] 易加斌，徐迪．大数据对商业模式创新的影响机理——一个分析框架[J]．科技进步与对策，2018，35（3）：15-21．

[8] 刘丹，曹建彤，王璐．基于大数据的商业模式创新研究——以国家电网为例[J]．当代经济管理，2014，36（6）：20-26．

[9] 罗兴武，项国鹏，宁鹏，等．商业模式创新如何影响新创企业绩效？——合法性及政策导向的作用[J]．科学学研究，2017，35（7）：1073-1084．

[10] 刘志阳，赵陈芳，李斌．数字社会创业：理论框架与研究展望[J]．外国经济与管理，2020，42（4）：3-18．

[11] 张会平，马太平．城市全面数字化转型中数据要素跨界流动：四种模式、推进逻辑与创新路径[J]．电子政务，2022（5）：56-68．

[12] 董钊．新创企业数字能力对商业模式创新的影响研究[D]．长春：吉林大学，2021．

[13] 姚明明，吴晓波，石涌江，等.技术追赶视角下商业模式设计与技术创新战略的匹配：一个多案例研究[J].管理世界，2014（10）：149-162+188.

[14] 杨金朋，孙新波，钱雨.数字化情境下制药企业商业模式创新案例研究[J].科技管理研究，2021，41（21）：167-175.

[15] 张振刚，张君秋，叶宝升，等.企业数字化转型对商业模式创新的影响[J].科技进步与对策，2022（11）：114-123.

[16] 马晓辉，高素英，赵雪.数字化转型企业商业模式创新演化研究：基于海尔的纵向案例研究[J].兰州学刊，2022（6）：28-41.

[17] 邢小强，周平录，张竹，等.数字技术、BOP商业模式创新与包容性市场构建[J].管理世界，2019，35（12）：116-136.

[18] 李飞，乔晗.数字技术驱动的工业品服务商业模式演进研究：以金风科技为例[J].管理评论，2019，31（8）：295-304.

[19] 罗珉,李亮宇.互联网时代的商业模式创新：价值创造视角[J].中国工业经济，2015（1）：95-107.

[20] 杨东，裴梦亚，史会斌，等.数字化驱动的制造企业商业模式创新研究综述[J].科学与管理，2021，41（3）：42-47.